ALEJANDRO SERRALDE SR · ALEJANDRO SERRALDE JR

MANAGEMENT TOMORROW

EL CAMINO HACIA LA LIBERTAD

Copyright © 2021, Alejandro Serralde

Ninguna sección de esta publicación puede ser reproducida, distribuida o transmitida en ningún tipo de formato, incluidas fotocopias, grabaciones, o ningún formato electrónico sin la autorización de los autores.

ISBN impreso: 979-8-5086695-7-7

Sobre los autores

Alejandro Serralde Sr. (1941 – presente) nació en Ciudad de México e ingresó a la Escuela Nacional de Ciencias Químicas de la Universidad Nacional Autónoma de México (U.N.A.M., por su siglas). Se graduó como ingeniero químico. Se desempeñó como dibujante a tiempo parcial en Procter & Gamble (P&G), empresa que más adelante le abrió las puertas para trabajar a tiempo completo. Durante su carrera profesional corporativa y en una cultura meritocrática como la de esta compañía, llegó a ser reconocido por su alto rendimiento de forma continua. Allí aprendió el arte de la gerencia efectiva, y además, se percató del talento que tenía para comunicarse y enseñar. Fue consultor interno de los programas de *Blake & Mouton* en asociación con American British Tobacco, Anderson Clayton y Tabaco en Rama.

En 1970, Alejandro dejó P&G y se convirtió en consultor independiente en el área de ingeniería de proyectos. Debido a su vocación hacia los estudios de gerencia, integró el equipo fundador del Instituto Mexicano de Consultores de Empresa (IMCE, por sus siglas), eslabón que lo conectó con W.J. Reddin. En 1974, firmaron un acuerdo de representación para México. Además, adquirió los derechos de la revista inglesa, *Management Today*, lo que le permitió escribir de forma continua y así llegar a decenas de miles de gerentes en el país. En 1994, compró el capital intelectual de Reddin para todos los países de habla hispana. Hacia finales de siglo, escribió el libro, **Liderazgo para el Futuro**, a través del cual propone la trascendencia[1] como cuarta dimensión (4D) del

---

[1] Serralde, A. «Liderazgo para el Futuro», 1999.

comportamiento gerencial. De este libro, se derivaron programas y herramientas que hoy día siguen siendo utilizados en más de quince países. En el año 2011, junto a los consultores Reddin de otros países, impulsó una red para acordar la unificación de las representaciones Reddin y poder trabajar colaborativamente en programas internacionales. Se ha caracterizado por ser un purista de la metodología de Reddin, ha fungido como motor empresarial de sus ideas y ha logrado mantener viva su filosofía durante medio siglo.

Management Tomorrow

Alejandro Serralde Jr. (1980 – presente) es egresado del Máster de Administración de Empresas (MBA, por sus siglas en inglés) del Ecole de Management de Lyon, Francia. Tiene más de quince años de experiencia en corporativos internacionales en puestos de alta dirección y ha trabajado para organizaciones de capital privado, así como organizaciones públicas y gubernamentales en Australia, Europa, Estados Unidos y Latinoamérica.

La energía y experiencia de Alejandro le han facilitado transformar organizaciones a través de metodologías *lean*, mejora continua, transformación digital. Además, ha dirigido ambiciosos proyectos de ingeniería e infraestructura. Tiene un asombroso récord en ayudar a negocios a alcanzar mejores resultados estratégicos al mejorar la productividad, competitividad y gestión del cambio.

En 2010, Alejandro se unió a la organización Reddin, firma fundada por su padre y W.J. Reddin. En 2016, de la mano de su primogénito, hizo un *spinoff* y cofundó **Reddin Assessments**, una empresa de herramientas gerenciales en línea, que permite llevar el conocimiento de medio siglo a empresas en tres continentes.

Alejandro además es coautor del libro *Los siete secretos de los líderes altamente efectivos* y *Success: qué hacer (y dejar de hacer) para ser más exitoso en tu trabajo*, los cuales escribió con su mentor el Dr. Robin Stuart-Kotze. También, es responsable de **Medio siglo de efectividad gerencial**, una obra mediante la cual homenajeó el trabajo de su padre.

Management Tomorrow

Comentarios

«*Management Tomorrow* provee una extraordinaria visión sistémica, experiencial y de estudios científicos, en una retórica fácil de entender. Las dimensiones del comportamiento permiten obtener una brújula para el ejercicio y la profesionalización del liderazgo. Este libro es un legado y además un salto cuántico hacia la efectividad con carácter ético».

Julio Cesar Martínez
Director General de SuKarne

«Un libro innovador que te introduce en el entendimiento de las cinco dimensiones de la conducta humana y que son claves para un *management* exitoso. Esta obra aporta conceptos esenciales para fortalecer las habilidades de liderazgo y presenta con claridad la evolución de la conducta del ser humano desde la gestión de sus habilidades mediante un impacto positivo de las acciones hasta la capacidad de transformarse en forma permanente a través de la innovación».

Guillermo Roa Luvianos
Socio Director de Auditoría y *Assurance* de una Firma de Consultoría Global

Comentarios

«Un libro que resume extraordinariamente bien los principios clásicos del *management* y los conecta con lo que será el *management* del mañana».

Ignacio Barrio

CEO de Urgencias Médicas

«Los autores encuentran un nuevo y potencial enfoque para el manejo gerencial con el modelo 5D. Las nuevas herramientas que proponen servirán para una evolución hacia la libertad en los procesos actuales gerenciales. Lo recomiendo ampliamente».

Xavier Salas

Sr. Marketing Manager de Hulu

«Alejandro Serralde padre y Alejandro Serralde hijo han logrado en *Management Tomorrow* un compendio integrador y sustancial de los estilos clásicos de liderazgo y han innovado al presentarnos las herramientas del liderazgo para el futuro. Es un libro actual que se convertirá en un acceso de consulta rutinario para los líderes del mañana».

Gerardo F. Álvarez

General Plant Manager de VCST

Management Tomorrow

Comentarios

«Gracias por regalarnos tanta sabiduría. Esperar a que se den las circunstancias adecuadas es lo opuesto a observarlas, diseñarlas y crearlas. Cuánto más atrapado te sientas en tu modelo actual, más creativa deberá ser tu solución para salir de él. Ambos han significado el empuje y apoyo para ello. Solo mediante la innovación en tus propuestas de transición, obtendrás el cambio estructural que deseas. Este libro nos provee muchas de estas respuestas».

Alma Maldonado

CEO de Unicom Software

«*Management Tomorrow* es un libro que recomiendo ampliamente recomendable. En lo personal y mis equipos de trabajo, hemos sido beneficiarios de la vasta experiencia de Alejandro Serralde padre. En él se plasma la experiencia de muchos años como depositario de la filosofía de W.J. Reddin, durante los cuales ha contribuido a mejorar la efectividad gerencial de muchos directivos de múltiples sectores y de diferentes países. Su gran experiencia e inquietud lo llevaron a desarrollar una cuarta dimensión (4D) para incluir el tiempo necesario para que la efectividad y se asocia con la realización profesional. En este libro en particular, ya en colaboración con su hijo, del mismo nombre, agregan a las demás una quinta dimensión que plantea la incorporación del ímpetu que se asocia a la conquista de la razón de ser de la persona (5D)».

Enrique Fernández Fassnacht

Director del Tecnológico Nacional de México

Comentarios

«Desde mi primer encuentro con Alejandro Serralde padre que, fortuitamente, me llevó al Seminario 3D en los años 90, he seguido de cerca la evolución de sus pensamientos y contribuciones al mundo del Management. En este proceso, Alejandro y eventualmente también Alejandro hijo, han dedicado todo su «quantum», su energía vital, al desarrollo de gerentes. Sin embargo, el paso a la cuarta dimensión y ahora a la quinta en este libro, no solo son un camino al desarrollo gerencial, pero, más bien, al desarrollo integral de los seres humanos. Este libro sobre la quinta dimensión, o 5D, es una contribución más a una fuerza de impulso a la cual he tenido suerte de estar expuesto y que debe ser leído con profundo interés y atención por cualquier persona preocupada por su propia realización».

Juan Pablo Martínez-Blat

Managing Partner de SAAGA

«Hablar de Alejandro Serralde padre y Alejandro Serralde hijo es sinónimo de doctrina en efectividad ejecutiva y gerencial al más alto nivel mundial. Su amplia experiencia y exposición en diferentes culturas los ha llevado a conectar el comportamiento humano en diferentes dimensiones para el éxito empresarial y personal.

Estar expuesto a las enseñanzas de Alejandro ha sido un parteaguas tanto en mi vida personal y profesional. *Management Tomorrow* es un libro esencial como herramienta de éxito y superación que te permite integrar de manera definitiva comportamientos y habilidades para potenciar los resultados de cada miembro de tu equipo de trabajo y definitivamente integrar muchos de estos conceptos a tu vida personal».

Juan Carrera

SVP Operations Dover Corporation

Management Tomorrow

Dedicado a

Doug Emerson, Hein Hendriksen, Aulis Lamio y Kathy Reddin, cuatro personas que han contribuido de forma significativa al desarrollo de nuestras cinco dimensiones.

Índice de Contenido

17	**Capítulo 0**	Introducción
23	**Capítulo 1**	El estado natural del ser: Supervivencia (1D)
39	**Capítulo 2**	El impulso natural del ser: Progreso (2D)
65	**Capítulo 3**	El estado de consciencia del ser: Impacto de la acción (3D)
87	**Capítulo 4**	La aspiración natural del ser: Realización (4D)
133	**Capítulo 5**	La Energía para la plenitud del ser: Libertad (5D)

Management Tomorrow

Management Tomorrow

Prólogo

Para mí, la vida de consultor presenta una dualidad interesante. Por un lado, este trabajo se basa en analizar a personas y procesos en las compañías, logrando recomendar caminos alternativos en particulares áreas de mejora identificadas: actividad divertida y retadora – desde la teoría. Por el otro, la implementación de dichas actividades de mejora y responsabilidad (*accountability*) final de los resultados no está en sus manos, sino en aquellas de quienes les contratan. Mi proceso de razonamiento lógico me hizo pensar siempre que esta posición como consultor te hace siempre ganar, puesto que si el resultado de dicho proceso no es el esperado, la responsabilidad recae primordialmente en el cliente. Hoy y después de varios años de trabajo, pienso que esta misma dualidad puede siempre hacerte perder, pues el éxito de tus recomendaciones está siempre en manos de alguien más.

Si bien no conozco a los autores personalmente – salvo una entrevista que compartí con Alejandro Serralde hijo – sé que su acompañamiento en la empresa en la que he trabajado durante veintidós años comenzó incluso antes de que ingresara en ella. Igualmente, reconozco que los procesos empresariales, lo mismo que aquellos de relaciones interpersonales, tienen ciclos donde fluctúan los niveles de eficiencia y competitividad viviendo realidades diferentes cada día. Por ello, mi agradecimiento total.

Sin duda el lector encontrará en el flujo de los capítulos y durante los episodios incluidos, elementos similares a los que ha vivido o está viviendo. Encontrará dentro de este

Alejandro Serralde Sr. | Alejandro Serralde Jr.

texto un razonamiento que ofrece cierta explicación de lo que vive y hace reflexionar acerca de qué camino podría hoy tomar para forjar su futuro desde ahora. Esta reflexión en torno de cómo hoy puedo actuar propicia un vínculo directo hacia la creación de hábitos y cultura tanto de forma individual como colectiva en su vida profesional.

Es relevante resaltar la generosidad de los autores para compartir lo que a lo largo de cinco décadas de consultoría en empresas han observado en teoría y práctica en esta obra. En ella se plasman, de manera secuencial lógica, una versión de los principios para desarrollar líderes conscientes de sí mismos y de su propósito

Al final del capítulo 4, Alejandro padre e hijo declaran sus propias áreas de realización en donde no figura el sentimiento evocado por la escritura de un libro conjunto, que sin duda en este momento debe vivir en ellos. ¡Enhorabuena a ellos por lograrlo, y a usted por animarse a crecer con él!

Augusto Muench
Presidente de Boehringer Ingelheim
para México, Centroamérica y Caribe.

0

Introducción

«Si nuestras opciones de futuro se modifican, un cambio de actitud es imperativo cuando se reconoce que el cambio es una constante».

ALEJANDRO SERRALDE

¿Por qué escribimos este libro? Las motivaciones que existen detrás de un libro evolucionan conforme se redacta así como también lo hacen sus propias dimensiones. Sin embargo, desde un principio nuestra motivación era entregar una síntesis de lo que representa, a nuestro parecer, una visión holística de la cualidad humana en su actuar gerencial a nuestros clientes.

Se podría decir que este libro, es, en su retórica hacia las ciencias del *management*, una compilación ecléctica de la cualidad humana de diversos maestros así como de sus diversas contribuciones e implementaciones correspondientes en organizaciones con las que hemos trabajado durante cincuenta años. Estas ideas, como diría Drucker, fueron planteadas «en medio de un torbellino de caos y del cambio».[2]

Sin duda, nuestras dimensiones del comportamiento cambiaron durante el transcurso del tiempo. Gracias a las conversaciones con nuestros clientes, incorporamos herramientas de toma de consciencia con el objetivo de estar mejor preparados para la nueva década. Por lo tanto, estas páginas se nutrieron del reconocimiento de cada persona que compartió sus experiencias con nosotros.

Consideramos importante resumir, en muy pocas palabras, fórmulas que han funcionado a lo largo de cincuenta años, mismas que hemos podido constatar a través de nuestra profesión consultiva. A partir de la interacción con nuestros clientes, hemos determinado que dos de cada diez en algún momento nos preguntan: «*¿Por qué el modelo de la teoría gerencial tiene dimensiones?*» Justamente, a ellos, con quienes mantenemos una relación de muchos años, les dedicamos este libro.

Debemos confesar que escribir este libro ha sido un placer, ya que enaltece la pasión que sentimos hacia nuestra profesión y pone de manifiesto el intercambio de visiones alineadas en algunos vértices. También, ha constituido un reto por nuestras diferencias, pues nos han permitido encontrar de forma continua un camino de entendimiento hacia la quinta dimensión: **la libertad ideológica y dimensional.**

---

[2] Peter Drucker, «Innovation and Innovation», *Harper & Row Publishers*, 1985.

Management Tomorrow

Mediante la lectura de este libro, podrás:

A. Comparar distintos caminos ideológicos para trascender con libertad hacia una gerencia libre de prejuicios.

B. Aprender a utilizar algunas herramientas que te permitan tomar mejores decisiones de tus equipos de trabajo frente al futuro.

C. Desarrollar técnicas de análisis multidimensional para aumentar el nivel de objetividad en la toma de decisiones.

Además, el contenido de este libro se puede implementar de forma inmediata en las organizaciones y la vida cotidiana. Es una herramienta para eliminar prejuicios, aumentar la capacidad de percepción y romper con algunas ataduras que nos impiden vivir una vida libre.

Habrá personas que pretenden aplicar las herramientas aprendidas y aquello que les ha funcionado; y, eso está muy bien, pero nos consideramos agnósticos ante tal postura. Estamos seguros de que sus recomendaciones están basadas en sus vivencias. *Como seres humanos, nos sentimos bien al recomendar experiencias que nos han sido útiles.*

Malcolm Gladwell dice que: «Para volverte experto en algo requieres de 10.000 horas de práctica.»[3] Este libro resume nuestras propias horas de vuelo y de investigación para que puedas sacarle provecho. **¡Esperamos las disfrutes!**

---

[3] Gladwell, M., *Outliers: The story of success*, Penguin Books, 2008.

Esquema del Libro

Capítulo 1: En los seres humanos, existen instintos naturales que nos llevan a tener contacto con una etapa de la realidad que parece básica y que con frecuencia se manifiesta en fases de supervivencia del ser humano.

Capítulo 2: Los marcos de referencia nos han permitido normalizar la conducta a través de conceptos, prácticas y ejes rectores que facilitan el progreso.

Capítulo 3: El desarrollo de la consciencia facilita la administración de conductas y establecer el orden de prioridad de los esfuerzos para capitalizar el fruto de nuestra acción a través de la efectividad.

Capítulo 4: La conquista del tiempo a través de la realización del ser humano se ha convertido en una aspiración natural.

Capítulo 5: La generación de la energía a través de la reingeniería de mi propia persona para impulsar la innovación como forma de vida nos conduce a un estado de plenitud llamado libertad.

Management Tomorrow

¡Muchas gracias!

Gracias a todos nuestros clientes, ya que nos permitieron iniciarnos en este trabajo y desempeñar esta profesión durante cincuenta años. Boehringer Ingelheim, Ciba Geigy, Anderson Clayton, Hylsa, Grupo Desc, Sabritas, Seguros Tepeyac, Rousell, Cervecería Moctezuma, Procter and Gamble y Sperry Corporation, entre muchos otros, son algunas de las empresas que nos brindaron su confianza y de quienes pudimos emitir nuestra primer factura en México.

De la mano de P&G, Campbell' Soup, Fukuvi, GEM LLC, AlEn USA, Tegu y CoreCo Holdings pudimos entrar en Estados Unidos, uno de los territorios más competidos en esta profesión.

Este libro no hubiese sido posible sin la valiosa contribución de quienes generosamente aportaron sus experiencias. Agradecemos a: Julio Cesar Martínez, Guillermo Roa Luvianos, Ignacio Barrio, Xavier Salas, Gerardo Álvarez, Alma Maldonado, Enrique Fernández Fasenacht, Juan Pablo Martínez-Blat y Juan Carrera. Nuestro agradecimiento infinito para Augusto Muench, quien escribió el prólogo de este libro.

Finalmente, una persona muy especial, nuestra editora, Isabella Cuevas, quien hizo un trabajo excepcional acomodando nuestras ideas. ¡Muchas gracias!

1

El estado natural del ser: **Supervivencia** (***1D***)

> «*Cuando se deja de ser joven, el futuro pierde profundidad y las expectativas se vuelven más inmediatas, pero no necesariamente más asequibles*».
>
> ALEJANDRO SERRALDE

El camino hacia la quinta dimensión: ¿Estás listo para iniciar el recorrido?

El propósito de esta obra es ayudarte a comprender con mayor amplitud los orígenes de nuestra conducta y la de los demás como una vía para facilitar los procesos de relación y, en el caso particular de los gerentes profesionales, para aumentar el poder de influencia.

Para entender cómo el ser humano se conecta con la realidad, se debe resaltar la importancia de la percepción. Conforme crecemos, ganamos consciencia, primero, sobre el espacio que habitamos y después respecto al tiempo.

La percepción unidimensional

La percepción espacial tiene que ver básicamente con nuestra apreciación de las superficies y de la profundidad. Así como sucede cuando un infante gana tono muscular para recorrer el piso en el que se encuentra y avanza sin sospechar todavía cambios de nivel hasta que sucede el primer accidente. Una caída lo lleva a tomar consciencia que en el plano hay desniveles y obstáculos que provienen de un cambio de dimensión. Lo primero que aprende es que se está más seguro en un punto del espacio.

Desde temprana edad, el niño no tiene consciencia del tiempo que le toma recorrer la habitación de un extremo a otro, y si la noción de la hora de la alimentación aparece es gracias a alguna señal del estómago o por la atención o inquietud de la madre, quien por lo general está dispuesta a proveer una buena alimentación. De por sí, la criatura depende respecto al tiempo como también en cuanto a su seguridad.

Cuando el propio crecimiento lo lleva a erguirse, el niño recorre los planos ya con el aprendizaje vivido y sentido. Le toma un tiempo madurar para tener el impulso de la exploración, lo cual muchas veces hace sin tomar en cuenta el riesgo que implica ir a otras profundidades.

La consciencia dimensional

Hagamos un alto para hacer una analogía sobre la percepción de las diferentes dimensiones de la conducta. De manera espontánea, se nos revela la realidad de que una vez que nos sentimos seguros en un punto, tendemos a movernos en un plano por la confianza adquirida, en otras palabras, en una dimensión que corresponde a las enseñanzas de la geometría. Conforme a esa noción, en nuestro inconsciente hay la certeza de que los riesgos son menores cuando pisamos con seguridad el piso a nuestro alcance. Justo aquí es cuando el individuo se percata de las ventajas del mundo unidimensional.

En este momento, casi podemos aseverar que un ser humano se siente seguro en el mundo de una dimensión, es decir, en el punto en el que está ubicado y que no tiene obstáculos. Esta sensación está reforzada por las experiencias tempranas, por lo vivido y por las advertencias: «Quédate allí, no te muevas. Cuidado».

La formación de la consciencia tiene diferentes causas. Quizás las dos más importantes son las experiencias, en particular, las vivencias y los reforzamientos recibidos en forma de consejos, lecciones, advertencias, sanciones y las satisfacciones personales que han estimulado nuestro estado de ánimo.

La evolución natural del ser humano se puede resumir de la siguiente forma: Primero, reconoce el punto donde se encuentra ubicado, luego el espacio y después el tiempo. Con respecto al tiempo, se hace énfasis en lo sucedido, ya que hay dificultad en apreciar a plenitud el presente debido a su instantaneidad y mucho más el futuro por la cantidad de incógnitas que engloba y que suelen resolverse por la vía de la esperanza y la fe.

Como es lógico, nos vienen a la memoria los diversos episodios que ha vivido la humanidad en su devenir hasta el presente. Resulta inevitable recordar que durante siglos el ser humano vivió anclado, y esto corresponde al Oscurantismo, época en la cual se mantuvo a las personas alejadas del conocimiento. Dadas estas circunstancias, la trascendencia de la Ilustración, el período siguiente, es mayor, pues se caracterizó justamente por hacer llegar el conocimiento como guía en la comprensión de la razón del ser.

El célebre escritor ruso Peter Demianovich Ouspensky, conocido por difundir en el mundo occidental la doctrina del cuarto camino, se refiere a la especie humana como seres unidimensionales en relación al tiempo.[4] Bajo esa óptica, si el tiempo es un fenómeno endógeno, es decir, que nace en nosotros mismos, entonces el punto que habitamos de forma literal es el instante independientemente del espacio en el que estemos. Según esta premisa, nos concentramos en un solo punto con la mente por nuestra naturaleza unidimensional. No obstante, cuando ponemos a través de la imaginación nuestro interés, por ejemplo, en el mañana, nos transportamos mentalmente a otro momento y tal vez a otro espacio con un estado de ánimo diferente. En este sentido, dejamos de estar anclados en un punto como seres unidimensionales.

En resumen, cuando vivimos nuestra existencia en el plano de una sola dimensión, esto equivale a estar posado en un punto espacial y en un instante sin consciencia de duración, excepto por la de transcurso, independientemente del efecto

---

[4] Peter Ouspensky «Cuarto Camino», *Amazon*, 2016.

que puedan tener sobre nosotros las variaciones del entorno. Uno se mantiene impertérrito, sin respuesta alguna o reacción, por lo cual se nos percibe por momentos como inmóviles e incluso inertes.

La unidimensionalidad dentro de las organizaciones

Por un momento, pensemos cómo sería un individuo unidimensional dentro de una organización: tendería a vivir en su cosmos con su idea personal fija que por definición excluye los efectos del ambiente que le rodea. Por lo tanto, dependería por completo de los sucesos en un mundo regido por la acción, la creatividad y la iniciativa.

Si algo puede anticiparse es que un ser unidimensional vive un mundo sin proyectos tan solo determinado por los impulsos orgánicos —lejos de los relacionados a la voluntad— tales como las funciones biológicas esenciales. La ausencia de voluntad caracteriza la esencia de este tipo de ser, lo que hace que su devenir quede en manos de la influencia del entorno. En el vocabulario de este tipo de persona, no se encuentra la palabra «progreso», ya que esto se considera un evento que ocurre como consecuencia de lo que pasa a su alrededor.

La percepción y sus efectos

Con frecuencia, se afirma que la percepción es realidad, y en efecto lo es, pero es subjetiva, ya que solo le consta a quien la percibe.

La apreciación del mundo que nos rodea en cuanto a objetividad se refiere depende de una serie de variables que se pueden resumir a través de los siguientes criterios:

a. Las conjeturas propias acerca de la realidad vivida
b. Información válida acerca de la realidad
c. Estado anímico al momento de la percepción
d. Prejuicios
e. Ruido social en el entorno

Durante el transcurso del tiempo, validamos nuestras suposiciones acerca de los espacios y momentos vividos. Por ejemplo, ¿con qué frecuencia se afirma que París es la ciudad de la luz respecto al arte, la cultura y las tradiciones, pero al mismo tiempo se enfatiza sobre la poca hospitalidad de los franceses? Con nuestro primer viaje a esta ciudad, pudimos comprobar todo esto, lo cual quedó registrado en nuestro banco de percepción. En contraste, nadie duda de la naturaleza hospitalaria de los guatemaltecos. No se puede validar la conjetura hasta que no se vive la experiencia. De lo contrario, se depende de las experiencias de otros así como sobre lo que oímos, y esto no necesariamente beneficia la objetividad.

Por otro lado, las frías temperaturas del Polo Norte o Sur no solo se validan a través de la información sobre el clima sino también mediante imágenes. Cuando se carece de información para percibir un aspecto de la realidad, la objetividad se ve afectada.

¡Cuán cierto es que cada quien habla desde su propia experiencia! A nuestra memoria viene el recuerdo de un querido amigo que a su paso por México vivió un episodio de complicaciones burocráticas de migración aunado a un servicio de logística y transportación deficiente. Debido a esto, llegó a la conclusión de que el país y sus contenidos estaban lejos de ser un destino atractivo para él. La remembranza de aquella experiencia todavía le provoca rechazo.

Además, podemos alegar que existen altos y bajos en nuestro biorritmo mientras la tensión o el estrés afectan nuestra claridad mental y emocional. De acuerdo al temperamento, el estado de ánimo puede distorsionar con facilidad la objetividad. En algunos casos, hay ciertas almas que mantienen una actitud positiva en medio de las tormentas más amenazantes. Por otra parte, no es conveniente afirmar que las emociones influyen de forma directa en la calidad de la percepción. En cuanto a la toma de decisiones, es muy recomendable tomar una pausa para mirar el conjunto con serenidad.

Dependencia durante la edad temprana

Como miembros del reino animal, el ser humano es la criatura más dependiente durante la edad temprana. Los patrones de educación familiar reproducen una serie de hábitos para resolver el tema de la vulnerabilidad como consecuencia de la dependencia. En ocasiones, el criterio familiar desempeña un papel fundamental en la formación de creencias. El perfil cultural de los padres así como sus orígenes, experiencias, virtudes y defectos influencian todo impulso que con buena intención han hecho al hijo abrirse paso por la vida. Ciertamente, muchos de nuestros prejuicios tienen ese origen. También, hay otros que son propios y que dependen por completo del individuo según sus virtudes y defectos.

A veces, los prejuicios influencian el vínculo social con los extranjeros. En una ocasión, comparamos a los estadounidenses con los canadienses en cuanto a su estilo de vida, es decir, planificación urbana, preferencias gastronómicas, hábitos de trabajo, etc. Cuando le comentamos esto a un amigo canadiense, nos respondió con ironía: «Somos muy distintos. Los estadounidenses siempre traen la amistad en el portafolio, por si hace falta». Esto puede llevarnos a concluir que son por definición interesados, materialistas y poco auténticos. Estamos conscientes que caer en la generalización es un error, ya que abundan ejemplos que invalidan este juicio. Sin embargo, es algo que cometemos con frecuencia.

La autocrítica y la retroalimentación son muy necesarias para mirar la realidad como se nos presenta, sin tratar de interpretarla y mediante la observación. Para Goethe, era importante desarrollar esto como hábito principal para vivir en armonía con el universo. [5]

En los tiempos que corren, la convivencia humana atraviesa momentos complejos debido al cambio drástico de los hábitos de información y de comunicación. A nivel social, se han impulsado la igualdad y la pluralidad como fórmulas para la interacción pacífica y humana. En este sentido, han surgido nuevos patrones de relación e ideologías en el seno de las familias. En el pasado, se imponían creencias de los ancestros sin posibilidad de ser cuestionadas. La sociedad actual ha cambiado de forma dramática, y la uniformidad desapareció para bien. Hoy en día, los miembros de una misma familia difieren en su forma de pensar.

En las organizaciones, ha ocurrido lo mismo. La posibilidad de saber con inmediatez lo que sucede nos

---

[5] Rüdiger Safranski, «Goethe: Life as a Work of Art», *Liveright*, 2018.

permite emitir juicios y opiniones que llegan a hacer mucho ruido.

Efectos de la conducta unidimensional

Para determinar los efectos de una conducta, es necesario conocer el contexto en el que sucede. Claramente, la relatividad da sentido a esto. Por ejemplo, si nos movemos enfocados en un solo punto debido a nuestra convicción, valores y hábitos, esto resulta retador en un hábitat caracterizado por la diversidad y la variabilidad. Posiblemente, parezcamos estar fuera de foco. En cambio, si nos mantenemos apegados a nuestros propios principios en un ambiente caótico y riesgoso, nuestro comportamiento será congruente.

Lo anterior nos lleva a la conclusión de que debemos desarrollar la destreza de movernos en diferentes planos dimensionales de la conducta. Para ello, la capacidad de percepción junto a la voluntad es fundamental para hacerlo de manera coherente.

Para vivir la experiencia del plano de una sola dimensión, es importante saber cómo se domina. De acuerdo a nuestra apreciación, esto ocurre mediante la *supervivencia*. Las experiencias sucesivas de este tipo nos permiten obtener consciencia y a través de la curiosidad por el descubrimiento, elemento central de la fuerza del ser, es posible encontrar otro plano o dimensión. Cuando el punto se mueve primero en el espacio se genera una recta y, si se desplaza en el espacio entonces se origina una superficie, que equivale a la noción de latitud en el campo de la conducta. En otras palabras, cuando comparamos la noción del estado en este punto con el del otro, podremos afirmar, por ejemplo, que aquí estamos mejor que allá.

En el mundo de una sola dimensión, no existe la comparación ya que solo se percibe el punto en el que nos encontramos ante la ausencia de referencia. Por consiguiente, la supervivencia es la prueba máxima de resistencia al permanecer en un punto. Tras muchas experiencias, es posible descubrir la segunda dimensión como producto del deseo de querer avanzar y no solo sobrevivir. En el segundo capítulo, profundizaremos sobre la naturaleza del mundo de dos dimensiones.

Una dimensión puede referirse únicamente al espacio, tiempo, recuerdo o a la propia imaginación. En el modelo universal del comportamiento gerencial, esto equivale a la orientación exclusiva a las personas o a la tarea.

Por un momento, pensemos en aquellos a nuestro alrededor que viven en el mundo unidimensional. Es probable que nos encontremos con personas nobles, serias, cumplidas, disciplinadas y conservadoras, ya que sobrevivir es su aspiración primordial. En ciertos entornos, la supervivencia es una gran conquista que se convierte en motivo de orgullo personal, lo cual refuerza este tipo de comportamiento.

La comprensión sobre las diferentes facetas de la conducta trae un mayor nivel de consciencia y objetividad como beneficio. Cuando una persona pisa con confianza el plano que habita, experimenta una sensación de libertad. Desde esta apreciación, queremos llevar al lector a desarrollar la destreza para transitar los diferentes planos dimensionales hasta conquistar, lo que en nuestra convicción es, la libertad dimensional. Mediante esta, serán capaces de trascender el espacio y el tiempo como cimiento de su legado.

En la literatura gerencial, se encuentra lo que se conoce como el comportamiento unidimensional, cuya influencia fue considerable. Entre los autores, destacan Frederick Taylor, ingeniero y economista estadounidense, y Henry Fayol, ingeniero de familia francesa nacido en Estambul.

Desde su adolescencia, Taylor tenía complexión débil, lo que lo obligó a ser espectador de sus contemporáneos y mantenerse alejado del deporte. Dedicó su vida a concebir cómo mejorar el rendimiento del esfuerzo físico de los deportistas mediante un diseño más apropiado de los equipos deportivos que utilizaban. Para él, lo importante era medir el esfuerzo, el lugar y los movimientos para obtener bastante información y hacer más eficiente tanto al deporte como a la producción. Fue tildado por los expertos como inflexible ante las reglas del juego. Un simple juego de críquet suponía una apasionante fuente de estudio para este individuo.

En la célebre novela de ciencia ficción *El mundo feliz* de Aldous Huxley, se plantea la creación de una superestructura para rodear al ser humano a través de una funcionalidad programada.[6] Quizás sin intención, Taylor propuso un enfoque equivalente en virtud del cual la gerencia:[7]

1. Elabora una ciencia para la ejecución de cada una de las operaciones de trabajo con la finalidad de sustituir al modelo empírico.

---

[6] Aldous Huxley, «Un mundo feliz», *Harper*, 1932.
[7] Frederick Taylor, «The Adjustment of Wages to Efficiency: Three Papers», *American Economic Association*, 1896.

2. Selecciona científicamente a los trabajadores para entrenarlos, enseñarlos y formarlos. En el pasado, cada empleado elegía su propio trabajo y aprendía por sí mismo cómo mejorar.
3. Colabora cordialmente con los empleados para asegurarse de que el trabajo se realiza según los principios de la ciencia elaborada.
4. Distribuye el trabajo y la responsabilidad casi por igual entre la gerencia y los obreros. La gerencia asume todo aquel oficio para el cual los empleados no estén lo suficientemente capacitados. Anteriormente, la mayoría de la carga laboral y responsabilidad era de ellos.
5. Estudia para proporcionar mejores oportunidades al empleado. Se hace en conjunto con él y no en forma de consulta.

El trabajador era responsable de ejecutar las rutinas, no se le exigía tener iniciativa ni ser creativo y debía optimizar la eficiencia, factor que dependía primordialmente de la visión de los ingenieros industriales. De este modo, se creaba un hábitat organizacional en el cual el obrero solo se enfocaba en la ejecución, tal como corresponde a la descripción dada anteriormente sobre el ser unidimensional. La noción de progreso, típica del mundo de dos dimensiones, estaba en manos de la gerencia.

Por su parte Fayol, ingeniero de minas y empresario que utilizó su propia experiencia de gestión como fundamento, desarrolló su concepto de administración y en 1916 publicó estas experiencias en el libro [8] *Administration Industrielle et*

---

[8] Henri Fayol, «General and Industrial Management», *Martino Fine Books*, 2013.

Générale, más o menos al mismo tiempo que Taylor publicaba su obra *Los principios de la administración científica*.[9]

En base al sentido común y la experiencia aplicada con éxito para optimizar el desempeño organizacional, Fayol propuso dar funcionalidad al trabajo a través de las siguientes clasificaciones:

- Operaciones fundamentales de la administración
- Operaciones técnicas (producción, fabricación y transformación).
- Operaciones comerciales (compras, ventas y permutas).
- Operaciones financieras (captación y administración de capitales).
- Operaciones de seguridad (protección de bienes y personas).
- Operaciones contables (inventario balance, precio de costo, estadística, etc.).

Se simplificaron los estudios de las ciencias administrativas en cinco disciplinas, las cuales aún se enseñan en las escuelas de negocio alrededor del mundo y dan sustento a las funciones de la administración del siglo XXI. Se resumen en:

1. Planeación
2. Organización
3. Comando
4. Coordinación
5. Control

---

[9] Frederick Taylorl, «The Principles of Scientific Management», *Martino Fine Books*, 2014.

Al igual que Taylor, Fayol propuso la especialización en los campos descritos, lo que proporcionó una base sólida a la administración científica. En cuanto a los gerentes y el personal en general, deben adherirse a lo establecido en los manuales, es decir, enfocarse en la implementación de métodos ya establecidos sin pensar en la optimización de las tareas.

Dadas su semejanza con las propuestas de Taylor, esta también es el equivalente a la creación de un hábitat organizativo que norma el desempeño del individuo, donde este solo ejecuta lo que corresponde a sus responsabilidades.

Fortalezas y debilidades de la unidimensionalidad

Cuando desarrollamos las ideas de este libro, nos percatamos que como consultores hemos buscado modelos para adoptar, y a partir de ellos, incorporar nuevas conductas. Por consiguiente, hemos seleccionado y descartado muchos de ellos por su enfoque. Por ejemplo, durante mucho tiempo Alejandro papá defendió al extremo el modelo de la malla gerencial (*managerial grid* en inglés), con dos dimensiones sobre la conducta del enfoque de Blake & Mouton, y sin ser consciente de ello, estaba casado con el dogmatismo. Cuando descubrió el modelo de W.J. Reddin, el cual propone una tercera dimensión del comportamiento, desechó el modelo de los autores mencionados anteriormente. Sin lugar a dudas, esto corresponde más a una actitud excluyente. Lo mismo ocurrió con Alejandro hijo, quien en algún momento adoptó modelos de gestión de proyectos como Prince2 y PMBok y dejó otros a un lado.

Management Tomorrow

Durante sus otras etapas como consultor, Alejandro papá elaboró ideas sobre la posmodernidad. Descartó todo lo relacionado a la modernidad para concentrarse en este periodo. En sus escritos afirmaba que «aunque todos hemos sido educados para manejar la certidumbre, el mundo tal como se nos presenta está más cerca del caos que del orden perfecto». Entonces, tendió a idealizar el primero. Después de muchos años, llegó a la convicción de que no existe lo ideal ni lo perfecto, tan solo aquello que está disponible y que debe ser suficiente para encontrar la ruta.

Tras mucho desgaste intelectual, descubrimos que el orden y el caos se alternan constantemente, lo cual es una condición básica para su coexistencia tal como ocurre con la materia y la energía en física cuántica.

Así, por ejemplo, leímos sobre un científico que afirma que la materia no es otra cosa más que energía con posibilidad de ser. En otras palabras, todo fluye y se mantiene en tal equilibrio que lo mejor es aceptar de manera holística las cosas: ni bueno ni malo, ni líquido ni sólido, ni esbelto ni robusto, ni fuerte ni débil, etc.

En conclusión, la vida de un ser unidimensional tiene una serie de facetas que definen su cualidad y se caracteriza por la búsqueda de supervivencia. Se determinaron las siguientes fortalezas y debilidades:

Fortalezas	Debilidades
Enfocado en sus asuntos	Poco influenciable
Apegado a las ideas	Dogmático
Una acción a la vez	Monoaural
Persistente	Testarudo
Constante	Monótono
Resistente	Rígido
Rutinario	Sin iniciativa
Predecible	Sin creatividad

De lo anterior, se debe resaltar que en un momento dado las debilidades pueden convertirse en fortalezas. Por ejemplo, Cristóbal Colón transformó su persistencia en testarudez para conseguir su propósito.

A veces, en los entornos amenazantes es conveniente no tener iniciativa, ya que el esfuerzo será tal que solo generará desgaste y frustración. Por otra parte, ser poco influenciable en un entorno corrupto es una virtud. Inversamente, un individuo constante y apegado a sus ideas tendrá por seguro dificultad para sobrevivir en un mundo muy cambiante.

2

El impulso natural del ser: **Progreso (2D)**

> «Nuestra educación represiva se ha encargado de congelarnos y hacernos aptos para transcurrir en el tiempo, pero no para permanecer en este».
>
> ALEJANDRO SERRALDE

Hace más de sesenta y cinco años, Douglas McGregor escribió un libro llamado *El lado humano de las organizaciones*. En este, señaló que una de las mayores tareas de una organización es estructurar y dirigir el esfuerzo humano para alcanzar sus objetivos económicos mediante el potencial de las personas.[10] Sensibilizó a grandes empresarios a nivel mundial por su enfoque más sensible a los valores humanos y lograr así un personal más responsable mediante un código ético.

---

[10] McGregor, Douglas «The Human Side of the Enterprise», *McGrawHill*, 1964.

Una elección a partir de las preferencias

McGregor sintetizó el estudio de la conducta a través de teorías. Estableció las siguientes en dos ejes distintos de sistemas humanos: La teoría X sostiene que los resultados se logran mediante la firmeza, el control y la autoridad. La contraparte del sistema humano lo llama teoría Y, que fomenta la creación de condiciones para facilitar el reconocimiento del ser y alcanzar resultados a partir de la autorrealización. Para ello, las personas están dotadas de razón, voluntad libre y capacidad tanto para recibir como expresar afecto.

Si bien McGregor reconoce que el ser humano es individual y busca primordialmente el bien propio, también nace, crece, se desarrolla y muere en sociedad. Durante su existencia, tiene la oportunidad de progresar y superarse. Por consiguiente, es difícil separar el aspecto individual del social. El individuo debe cumplir con ambos y armonizarlos lo mejor posible.

Esto es algo que Aristóteles ya había descrito alguna vez cuando afirmó que «el ser humano es un ser social por naturaleza»[11]. McGregor añade la ecuación al sistema empresarial con el objetivo de ligar los objetivos económicos y sociales. En uno de sus escritos indica: «Las organizaciones son para servir al ser humano, y por tanto, son ellas quienes deben crear beneficios sociales además de económicos».

En este sentido, las organizaciones deben cuestionar de forma exhaustiva el intercambio que existe entre las personas, la empresa y la sociedad. Resulta importante analizar

---

[11] Aristotle, «the Politics», *A & D Publishing*, 2009.

Management Tomorrow

el propósito o razón de ser de la organización. El replanteamiento continuo de estos tres elementos trae consigo una constante realineación.

Un individuo aislado puede desarrollarse con dificultad de manera unilateral. Según Mcgregor, los seres humanos tendemos a agruparnos. Más de medio siglo después de esta afirmación, hoy en día las redes sociales, y su rápida expansión, nos vinculan. Estas son un ejemplo de las nuevas formas de comunicarnos y convivir en sociedad. Mientras escribo estas líneas, nos suscribimos en una nueva red llamada Clubhouse, y nos sorprende la cantidad de interacciones que existen a cualquier hora y día de la semana.

Mediante la humanización de los sistemas, se han obtenido más conocimientos sobre las motivaciones tras su funcionamiento. Aunque se ha escrito durante más de cincuenta años sobre esto, en realidad, ¿qué es la motivación?

La *motivación* es una de esas palabras —como *personalidad*— que se utiliza de muchas maneras. En el campo de la psicología, se define como 'el proceso que inicia, guía y mantiene las conductas orientadas al logro'. Es el impulso para llevar a cabo algo. Y, cuando resulta gratificante, se desea repetir la acción.

En este sentido, ¿motivan los líderes de una organización a las personas? Según la mayoría de los libros, artículos o expertos renombrados, sí lo hacen. Sin embargo, como Jeffrey Pfeffer dice: «Es casi mecánico. Si un individuo quiere que sus colaboradores hagan algo, entonces necesita proporcionarles incentivos positivos, amenazas o castigos. Ante la ausencia de una fuerza externa, parece que las personas estuvieran inertes, tal como sucede con los cuerpos de la física de Newton cuando están en reposo, pues permanecen así hasta que una fuerza los pone en movimiento».[12]

La descripción de Pfeffer no obedece a la definición de motivación. Más bien, coincide con lo que el psicólogo Fred Herzberg denominó como movimiento.[13] Estableció que cuando un gerente *motiva* a un individuo, es este quien está motivado, pues desea que el otro haga algo y, en efecto logra que se *mueva*. Describió el proceso como algo similar al entrenamiento de un perro mediante un sistema de premios. Por ejemplo, si da la vuelta, se sienta o hace lo que el entrenador quiere, entonces se le otorga el premio. En este contexto, el entrenador es el que está motivado, ya que desea que las acciones se lleven a cabo. El perro *solo se mueve* –hace los trucos– si se le premia. De lo contrario, se queda en reposo.

En el libro, *Los siete secretos de los líderes altamente efectivos*, dedicamos un capítulo sobre las diversas investigaciones que realizamos junto al Dr. Robin Stuart-Kotze sobre la motivación. Encontramos que la aprobación, el reconocimiento y la autonomía [14] son los tres elementos fundamentales que la componen. Sobre esto profundizaremos en los capítulos posteriores.

---

[12] Jeffrey Pfeffer, What Were They Thinking? Unconventional wisdom about management, Harvard Business School Press, 2007.
[13] Herzberg, F., "One More Time: How Do You Motivate Employees?", *Harvard Business Review*, enero–febrero 1968.
[14] R. Stuart-Kotze, A. Serralde, «Los Siete Secretos de los Líderes Altamente Efectivos», *Amazon*, 2018.

¿Qué influye en nuestros motivos?

Abraham Maslow determinó que las motivaciones se encuentran intrínsecamente ligadas a nuestras necesidades, las cuales explica mediante una teoría conocida como la pirámide de Maslow [15], que es utilizada como referencia en los libros de negocios. Intercambiamos esta jerarquía por descripciones para así proporcionar explicaciones y opiniones propias basadas en apreciaciones empíricas:

Básicas (nivel 1): Los seres humanos tenemos necesidades básicas y fisiológicas. Al estar en la base de la pirámide, se puede pensar que esta motivación describe la parte más primitiva del ser humano, ya que comprende el alimento, la salud y el descanso. Según una investigación realizada por el periodista James Surowiecki[16], el agotamiento de los equipos de trabajo y la falta de sueño inhibe el desempeño de alto nivel cognitivo. En muchas organizaciones, y no solo me refiero a Goldman Sachs, Morgan Stanley y Merrill Lynch, la norma es trabajar por lo menos ochenta horas semanales, lo que ocasiona que su personal se vuelva noctámbulo, y sirve además como estímulo de compromiso. Si alguno de ustedes trabaja desde casa y esta necesidad no está cubierta, esto podría traerle consecuencias. Recuerden que el trabajo en exceso «disminuye la flexibilidad cognitiva en la resolución de problemas y el desempeño en tareas complejas con metas difíciles»,[17] y más desconcertante aún, es que las recompensas monetarias disminuyen la motivación intrínseca. Asimismo, es un error promocionar de forma exagerada los

---

[15] A. Maslow, Douglas «A Theory of Human Motivation», *Psychological Review*, 1943.
[16] James Surowiecki, «The Cult of Overwork», *The New Yorker*, January 27, 2014.
[17] Gagné, M., and Deci, E. L., «Self-Determination Theory and Work Motivation», *Journal of Behavioural Science*, volumen 26, 2005.

beneficios de la multifuncionalidad. En efecto, la competencia por atención y lo que los psicólogos definen como estímulo fragmentado agotan al cerebro y generan un colapso en los mecanismos de autocontrol que impiden que uno lleve a cabo acciones riesgosas o desacertadas que en condiciones normales no haría.[18]

Seguridad (nivel 2): Los seres humanos tenemos necesidades como el empleo, la protección y la familia que aseguran nuestra existencia. Buscamos estar libres de riesgos y afectaciones. ¿Alguna vez te has sentido nervioso por ser ridiculizado ante un grupo de personas en tu organización? Los científicos definen esto como seguridad psicológica, la cual es «la creencia común arraigada en los miembros de un equipo mediante la cual se considera que es seguro para el equipo asumir riesgos interpersonales».[19] Es la confianza que te permite sentir que no serás ridiculizado o avergonzado. Amy Edmondson lo describe como «un clima de equipo caracterizado por la confianza interpersonal y respeto mutuo, en el cual las personas se sienten seguras de ser ellas mismas». Cuando uno siente que puede ser ridiculizado, evita proponer ideas.

Pertenencia (nivel 3): Los seres humanos tenemos necesidades de afecto, de relaciones interpersonales, amistades y de pertenencia a un grupo. En su libro *Meet Maslow*, Landon Smit hace una analogía y describe esto como «un atributo que no te ayudará a sobrevivir; sin embargo, hará

---

[18] Ophir, E., Nass, C., and Wagner, A. D., «Cognitive control in media multitaskers», *Proceedings of the National Academy of Sciences*, septiembre 2009.

[19] Edmondson, A., «Psychological Safety and Learning Behavior in Work Teams», *Administrative Science Quarterly*, volume 44, 1999.

que tu supervivencia sea más valiosa».[20] El liderazgo desempeña un papel significativo en la construcción del sentido de pertenencia, el cual no se genera cuando se le indica qué hacer a un sistema humano. Las metas deben ser socializadas y no impuestas. En su libro *Performance*, R. Stuart-Kotze dedica varios capítulos a explicar mediante diversas investigaciones lo que ocurre cuando se establece un orden y cómo cambia cuando uno comparte una inquietud con los demás (el enfoque *Tell them vs. Ask them*, Diles vs. pídeles en español).[21] Los líderes autoritarios tienen que cuidarse de no exagerar con esto. Pese a que los equipos valoran tener una dirección clara y necesitan que alguien proporcione tanto la iniciativa como el estímulo para fijar la dirección, los miembros individuales también quieren ser parte del proceso de discusión y de toma de decisiones.

Reconocimiento (nivel 4): Los seres humanos tenemos necesidades de logro, de reconocimiento, respeto hacia otros y de autoestima. Además, el reconocimiento tiene un efecto muy positivo en el desempeño propio.[22] Mientras más reconocidas y valoradas sean las personas, mayor será su nivel de motivación y efectividad. [23] Como consecuencia, se sienten bien consigo mismas y ven que se aprecia el desempeño.[24] Cuando se le agradece a alguien, esto impacta

---

[20] Landon T. Smith, Meet Maslow: «How Understanding the Priorities of Those Around Us Can Lead To Harmony And Improvement», *Make Profits Easy*, 2017.
[21] R. Stuart-Kotze, «Performance: The Secrets of Successful Behaviour», *Pearson*, 2006.
[22] Chikungwa, T., and Shingirayi, F. C., «An Evaluation of Recognition on Performance as a Motivator: A Case of Eastern Cape Higher Education Institution», *Mediterranean Journal of Social Sciences*, volumen 4, 2013.
[23] Baskar, D., and Rajkumar, K. R., «A Study on the Impact of Rewards and Recognition on Employee Motivation», *International Journal of Science and Research*, volumen 4, 2015.
[24] Ashby, F. G., Isen, A. M., and Turken, A. U., «A Neuropsychological Theory of Positive Affect and Its Influence on Cognition», *Psychological Bulletin*, volumen 106, 1999.

de forma significativa su autoestima y desempeño.[25] Napoleón alguna vez dijo: «Un soldado luchará largo y tendido por un pequeño trapo coloreado». El reconocimiento aunado al sentimiento asociado de gratificación activa la segregación de la dopamina desde distintos sitios del cerebro.[26] El aumento de esta hormona produce placer y agradecimiento. Cuando el reconocimiento es inesperado, el impacto es mayor en el individuo. Resulta muchísimo más motivador.[27]

Autorrealización (nivel 5): En algún momento, los seres humanos sentimos la necesidad imperante de ser aquella persona que alguna vez soñamos. Por muy difícil que sea una situación, logramos verle el lado más favorable sin presión. La aceptamos tal cual es y cómo llegó a nuestras vidas.

Mediante el trabajo de Maslow, hemos podido identificar el bien común como algo fundamental. La jerarquización de necesidades constituye un método fácil e intuitivo para elaborar planes que permitan influir en las personas. Sin embargo, **¿por qué aquellos que han alcanzado algunas necesidades de autorrealización olvidan los niveles más básicos de la pirámide?**

---

[25] Chuck Leddy, «The Power of Thanks», *Harvard Gazette*, 2013

[26] Izuma, K., Saito, DN., and Sadato, N., «Processing of social and monetary rewards in the human striatum», *Neuron*, volume 58, 2008.

[27] Neckerman, S., and Yang, X., «Understanding the (unexpected) consequences of Unexpected recognition», *Journal of Economic Behaviour and Organization*, volumen 135, 2017.

Regresar a lo básico

En conjunto al Dr. Robin Stuart-Kotze, realizamos una serie de investigaciones que se encuentran plasmadas en nuestro libro *Success: qué hacer (y dejar de hacer) para ser más exitoso en tu carrera*. Allí, dedicamos un capítulo sobre la importancia del sueño como necesidad esencial, ya que es uno de los factores más críticos y fundamentales en la productividad, memoria, desempeño y función inmunológica. Aunque duermas la mañana siguiente después de acostarte tarde, el efecto negativo en el desempeño persiste durante los días posteriores.[28] Algunos de nuestros hallazgos son los siguientes:
[29]

- Las personas que trabajan más de cincuenta y cinco horas semanales tienen 33 % más riesgo de sufrir un derrame en comparación a aquellos que trabajan entre treinta y cinco y cuarenta horas por semana. También, tienen 13 % más de riesgo de padecer enfermedades coronarias.[30] El desempeño por hora empieza a nivelarse a partir de las cincuenta horas por semana y disminuye después.[31] La privación del sueño genera hambre y apetito mientras que simultáneamente altera la tolerancia a los carbohidratos, lo que duplica el efecto de los pasteles, donas y galletas que consuma. También, aumenta el riesgo de obesidad y

---

[28] Krueger, J. M., et. al., «Sleep as a fundamental property of neuronal assemblies», Nature Reviews Neuroscience, volumen 9, 2008.
[29] R. Stuart-Kotze, Alejandro Seralde. «Success: qué hacer (y dejar de hacer) para ser más exitosos en tu trabajo», *Amazon*, 2019.
[30] Kivimaki, M. et. al, «Long working hours and risk of coronary heart disease and stroke: a systematic review and meta-analysis of published and unpublished data for 603, 838 individuals», The Lancet, volumen 386, 2015.
[31] Hansen, M. T., Great at Work, Simon & Schuster, 2018.

diabetes.[32] La privación del sueño está asociada a las enfermedades del corazón, los derrames y el cáncer.[33] Las pastillas para dormir interfieren con la memoria y tienen un efecto similar a no dormir.[34]

- Las jornadas laborales continuas y prolongadas afectan de forma negativa el desempeño cognitivo; en otras palabras, el nivel de inteligencia disminuye.[35] La privación del sueño ocasiona el aumento de segregación de cortisol, la hormona del estrés, y los déficits de memoria así como el aceleramiento del envejecimiento.[36] El aumento del 10 % en horas adicionales genera una caída del 2.4 % en la productividad.[37]

- Un dato interesante, sobre todo, para aquellos que son acosados por su supervisor para trabajar largas jornadas: Los hallazgos de una investigación revelaron que los jefes no diferenciaban a los individuos que trabajaban ochenta horas a la semana de los que pretendían hacerlo.[38] Al final de una jornada de doce horas o más, el 45 % de las personas están muy cansadas como para incluso hablar con sus esposos o compañeros.[39]

---

[32] Copinschi, G., «Metabolic and endocrine effects of sleep deprivation», Essential Pharmacology, volumen 6, 2005.
[33] Nagai, M., Hoshide, S., and Kario, K., «Sleep duration as a risk factor for cardiovascular disease – A review of the recent literature», Current Cardiology Reviews, volumen 6, 2010.
[34] Stickgold, R., «Sleep-dependent memory consolidation», Nature, volumen 437, 2005.
[35] Virtanen, M., et. al., «Long working hours and cognitive function: The Whitehall II Study», American Journal of Epidemiology, volumen 169, 2009.
[36] Leproult, R. et. al., «Sleep loss results in an elevation of cortisol levels the next evening», Sleep, volumen 10, 1997.
[37] Shepard, E., and Clifton, T., «Are longer hours reducing productivity in manufacturing? International Journal of Manpower, volumen 21, 2000.
[38] Reid, E., «Why some men pretend to work 80-hour weeks», Harvard Business Review, abril de 2015.
[39] Hewlett, S. A., and Luce, C. B., «Extreme jobs: The dangerous allure of the 76-Hour workweek», Harvard Business Review, diciembre de 2006.

- Una noche de sueño reparador aumenta en más del doble las probabilidades de solucionar un problema que te preocupe y requiere comprensión.[40]

En este sentido, se les recomienda a quienes han llegado a la cúspide de la pirámide y han olvidado lo básico como sueño, alimentación y seguridad que regresen a primera base y tomen consciencia.

¿Cómo afecta esto la relación con el trabajo?

De manera significativa, Frederick Herzberg contribuyó a desarrollar una sólida descripción sobre el trabajo y la naturaleza del hombre. Según este psicólogo, existen solo dos factores que afectan positiva o negativamente la relación entre la persona y la organización.[41]

Entre los inhibidores, a los que Herzberg denomina factores de higiene, se encuentran:

- Factores económicos: compensación y prestaciones en general
- Condiciones generales del trabajo
- Políticas y procedimientos enfocados al bienestar de los colaboradores y también de la organización
- Facilidad social que fomente la colaboración con otros
- Elementos estructurales que faciliten el estatus

Este autor define como factores motivacionales a aquellos que tienen una influencia positiva en el desempeño, y que se describen a continuación:

---

[40] Wagner, U., et al., «Sleep inspires insight», Nature, volumen 427, 2004.
[41] Frederick Herzber, «Work and the nature of man» Thomas Crowell Co, 1968.

Management Tomorrow

- Trabajo estimulante
- Sentimiento de autorrealización y logro de resultados
- Reconocimiento cuando el trabajo está bien hecho
- Responsabilidad hacia el logro de los objetivos
- Progreso de carrera hacia tareas retadoras

La claridad de estos elementos facilitan la elección de estrategias organizacionales para mejorar la relación entre nosotros mismos y el trabajo a fin de tener un buen vínculo con la organización. En un resumen que hizo *Harvard Business Review*, cincuenta años después del trabajo de Herzberg, se rescataron y actualizaron estos factores para brindar una pauta muy puntual. Este autor propone las siguientes dos recomendaciones para motivar a las personas: [42]

- Compensación progresiva y continua: Consiste en buscar el incremento siguiente de forma constante. Con frecuencia, cuando algunos adquieren un auto ya piensan en el próximo modelo. Mercedes, Audi y BMW han hecho un extraordinario trabajo mediante la clasificación de sus modelos en series y clases, ya que su finalidad es crear esta sensación en los consumidores. Por ejemplo, si adquieres un Audi A1, de inmediato tienes el A3 en mente.
- Beneficios complementarios (Salario emocional): El trabajo seis días a la semana es inhumano y durante diez horas diarias parece explotación. Las prestaciones de cobertura social básica son una obligación y proporcionar opciones en la compensación parecen ser la salvación en Estados Unidos. Días extras de vacaciones y semanas de nueve días cada dos

---

[42] Frederick Herzber, «Do you motivate your employees» *Harvard Business Review,* 2008.

semanas son algunos de los beneficios no compensados.

En base a lo anterior, ¿cómo se influye en las personas?

En una conferencia en 1977 en Berkeley, David Bohm, el científico más prominente del siglo XX que contribuyó de forma significativa a la neurociencia, a la teoría del *quantum* y la filosofía del pensamiento, señaló lo siguiente y que años más tarde fue publicado en el libro *The Quantum and the Lotus* de Matthew Ricard y Trinh Thuan: [43]

> *La realidad es aquello que pensamos es cierto. Aquello que pensamos ser cierto, es aquello que creemos. Aquello que creemos está basado en nuestra percepción. Nuestras percepciones dependen de aquello que nosotros buscamos. Nuestra búsqueda depende de nuestro pensamiento. Nuestros pensamientos dependen de lo que percibimos. Lo que percibimos determina lo que creemos. Nuestras creencias determinan lo que tomamos como cierto. Lo que creemos es nuestra realidad.*

Aunque esto fue escrito hace muchas décadas, todavía hay autores contemporáneos como Vishen Lakhiani, uno de los más exitosos a nivel de ventas del *New York Times* en 2016, que hacen uso de este principio. Establece que el primer paso para cambiar la percepción es hacerlo mediante los modelos propios, el funcionamiento de la relación de trabajo y la vida misma. Desaprender se vuelve una necesidad

---

[43] Matthieu Ricard, Trinh Xuan Thuan, «The Quantum and the Lotus: A Journey to the Frontiers Where Science and Buddhism Meet» *Crown Publisher,* 2004.

básica debido a la importancia de las creencias en nuestras vidas [44].

Fuimos educados a través de modelos que en su momento fungieron de guía y nos permitieron alinear la visión con la realidad de muchos otros. En el libro *Medio siglo de efectividad gerencial*, se hace un recorrido por los distintos modelos de liderazgo que hemos estudiado y que han sido, en algunos casos, el fundamento que nos ha acompañado durante cincuenta años. [45]

Después de la Segunda Guerra Mundial, se realizaron muchos estudios sobre liderazgo en los Estados Unidos y alrededor del mundo. La comparación de efectividad de los líderes desembocó en una gran investigación llamada el Estudio Ohio, que consistió en la recolección y análisis de información a través de métodos estadísticos y de contingencias en su mayoría. Determinó que el comportamiento puede ser expresado en dos variables independientes: enfoque en la tarea y enfoque en las relaciones.

---

[44] Vishen Lakhiani, «The Buddha and the Bad Ass» *Penguin Random House,* 2020.
[45] Alejandro Serralde, «Medio Siglo de Efectividad Gerencial» *Amazon,* 2020.

Management Tomorrow

Entre la década de los sesenta y setenta, este modelo fue mejor ilustrado a través de la malla gerencial de Blake and Mouton.[46] Blake incorporó a su modelo dos vértices opuestos que describen dos tipos de orientación, por un lado, hacia la producción y por el otro, hacia las personas. Además, utilizó números para describir los estilos como se presenta a continuación:

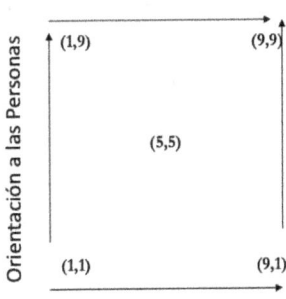

Orientación a la Producción

En base a los números, se desprenden cuatro estilos de liderazgos:

- 9,1 *Task Management* – enfoque en la organización y en terminar tareas.
- 1,9 *Country Club Management* – enfoque en las necesidades de las personas con muy poca preocupación por terminar la tarea.
- 1,1 *Improverished Management* – prácticamente no hacer mucho; tan solo pretender estar ocupado. No hay orientación hacia las personas ni las tareas.
- 9,9 *Team Management* – enfoque en el logro de resultados y cubrir las necesidades de los otros.

---

[46] Robert R. Blake and Jane S. Mouton, et al., *Harvard Business Review*, 1964.

Si bien nunca se hizo hincapié en la forma de influir en otros, se tenía la impresión de que el estilo 9,9 era el ideal. Por lo tanto, se adoptó para liderar de manera positiva en la organización. Este tipo de liderazgo despertó el interés de muchos. En 1966 S.S. Sales publicó su revisión sobre las investigaciones autocrática y democrática, y concluyó que la supervisión de tipo democrática requiere mayor esfuerzo por parte de los empleados, lo cual cuestionó radicalmente la creencia de un estilo de liderazgo ejemplar. Por consiguiente, se inició una revolución que explicaremos en la tercera dimensión.[47]

Esta información fue muy útil en la comprensión del comportamiento gerencial y así explicar el conjunto de atributos necesarios para determinados comportamientos. Además, estos modelos le han permitido a la mayoría de las organizaciones reducir la incertidumbre y proveer elementos que promuevan la estabilidad.

Cada uno de los modelos descritos anteriormente permiten alinear a los seres humanos en la resolución de problemas, en especial si hay más de una persona involucrada. Hay problemas que requieren integrar varias visiones para lograr un mismo propósito tales como aquellos donde se necesite lo siguiente:

- A más de un individuo para conseguir un objetivo
- Tareas a comunicar
- Organización para no duplicar funciones y ejecutar de forma eficiente el trabajo colectivo
- Motivación para la ejecución del trabajo

---

[47] Sales, S.M: «Supervisory Style and Productivity: Review & Theory», *Personnel Psychology*, Vol. 19, 1966

Management Tomorrow

- Coordinación continua
- Decisiones
- Controles

La lista es interminable; no obstante, las personas es la variable común. Tal como lo describe el Dr. Robin Stuart-Kotze en su libro *Introducción al comportamiento organizacional*,[48] los individuos que tienen un mismo propósito y están organizados de una manera u otra forman parte de un sistema interdependiente. Como ocurre con el cuerpo humano, se trata de mantener el equilibrio. Por ejemplo, cuando uno corre, la contracción muscular implica un déficit de la cantidad de oxígeno y un aumento de la temperatura. Para equilibrar el sistema, el cuerpo incrementa la frecuencia respiratoria y el corazón trabaja más rápido para proporcionar sangre oxigenada a los músculos, lo cual reduce el nivel de temperatura hasta nivelarse. En las organizaciones, ocurre exactamente lo mismo. Si se automatiza un proceso, algunos individuos tienen que cambiar enseguida su manera de hacer las cosas. Por lo general, esto trae resistencia, que se maneja mediante comunicación y retroalimentación. Esta última es característica de cualquier sistema.

Una de las ventajas de estudiar sistemas abiertos es la reacción inmediata y total ante el cambio. Es por ello que se han desarrollado tantos modelos durante los últimos cien años.

---

[48] Robin Stuart-Kotze «Introduction to Organizational Behaviour», *Prentice Hall*, 1980.

¿Se puede elegir un camino a través de los valores?

Los valores son el eje central del comportamiento. Para explicar las elecciones del rumbo profesional, se hace referencia a esto en este contexto y no en el moral. Ed Schein ha escrito mucho sobre el concepto de las anclas de carrera, que define como la conjunción de áreas de competencia, motivos y valores que no estamos dispuestos a dejar [49]. Forman parte del autoconcepto, es decir, aquello que nos hace sentir como nosotros mismos. Determinan una parte de quiénes somos.

Antes de reflexionar sobre tus propias anclas, nos gustaría que pienses sobre qué te hizo elegir tu carrera. En este caso, el refrán «Nunca es tarde para empezar de nuevo» aplica a la perfección. Para nosotros, es importante brindarles herramientas que puedan utilizar con otros para así orientarlos. Se toman mejores decisiones cuando se maneja esto desde temprana edad. Whetten y Cameron indican: «No ser diligente ante el ejercicio de priorizar tus propios valores puede causar una enorme frustración en alguna etapa de tu vida». [50]

La consciencia de estos valores nos permite mantenernos firmes en nuestras decisiones durante momentos difíciles. Por ejemplo, hay quienes tienen una vocación natural hacia lo financiero y por tanto, el área de ventas pudiese representar una mejor opción que el de servicios sociales. Lo

---
[49] Edgar H. Schein, «Career Anchors: Discovering Your Real Values», *Pfeiffer & Co*, 1990.
[50] Whetten, D & Cameron, K. «Developing Management Skills», *Wesley*, 1998.

Management Tomorrow

mismo ocurre en el caso de un humanista ante la posibilidad de una labor en ventas.

Uno de nuestros grandes maestros, el Dr. W.J. Reddin desarrolló un conjunto de herramientas que ilustran lo anterior mediante seis orientaciones distintas y que comprenden los valores atribuidos hacia:

- La razón y lo agradable que es para algunos la sistematización del conocimiento, el *razonamiento* de ideas, la investigación y el análisis.
- La tenencia de más dosis de *poder* así como sus implicaciones y beneficios.
- El *logro* mediante la capacidad pragmática, la eficiencia y el enfoque a resultados.
- La orientación hacia el *humanismo* como fuente vital, que implica la conexión con los seres humanos, la comprensión de las diferencias que existen y el respeto hacia las ideologías, ya que forman parte de las convicciones.
- La orientación al *trabajo* como forma de vida, pues para algunos esto es una forma de terapia ocupacional.
- El incremento de reservas patrimoniales y la valoración de incentivos financieros, lo que vulgarmente se conoce como «quieren y buscan el *dinero*».

Recursos disponibles

Hace veinte años, nosotros adquirimos este inventario elaborado por W.J. Reddin, y recientemente lo sistematizamos en nuestra batería de diagnósticos y evaluaciones. [51] Para obtenerlo, envía un correo electrónico a info@reddinassessments.com y en el título coloca «Valores Management Tomorrow», y con mucho gusto, ¡te lo regalamos!

No sabemos si la elección de nuestra profesión hubiese cambiado mediante la realización de este cuestionario. Pero, este ejercicio es una extraordinaria reflexión para el punto de nuestras vidas donde nos encontramos.

El recorrido hasta ahora

Hasta este capítulo, se han resumido un conjunto de marcos de referencia que facilitan de manera intuitiva el camino hacia el progreso. En este sentido, se debe tener presente lo siguiente:

1. La postura propia frente al ser humano y la responsabilidad social.
2. Identificar las motivaciones, aunque se esté en las de la cúspide de la pirámide, sin descuidar las de la base.
3. Reflexionar sobre cómo esto afecta la relación con el trabajo.
4. Un modelo de liderazgo —que por cierto, no es el de W.J. Reddin— que sintetiza muy bien las ideas antecesoras sobre liderazgo.

---

[51] W.J. Reddin «Values Inventory», *Reddin Assessments LLC*, 2021.

5. Un conjunto de valores que influencian y podrían hacerlo aún más respecto a aprovechar el potencial.

Sin embargo, nos hace falta algo del ser bidimensional, y está relacionado a la flexibilidad necesaria en los hábitos.

Lo malo de los hábitos

En el libro *Success* que escribimos con el Dr. Robin Stuart-Kotze, una buena parte está dedicada a los hábitos desde una perspectiva muy básica. En el capítulo correspondiente, se explica cómo el cerebro trabaja en dos niveles distintos: el consciente y el inconsciente. El primero es lento y flojo en comparación al segundo. El consciente procesa entre cuarenta y sesenta bits de información por segundo mientras que el inconsciente once millones de bits por segundo.[52] Además, procesa imágenes completas en tan solo trece milisegundos.[53] Dado que el consciente es flojo, tiende a obviar las pequeñas señales que indican la necesidad de actuar diferente y convierte lo rutinario en hábito.

En la parte profunda del cerebro, hacia el centro del cráneo, se encuentran los ganglios basales, que son unas masas que tienen el tamaño de una pelota de golf. Entre otras funciones, esta parte del cerebro, regula la formación de hábitos.[54] Más del 40 % de las actividades que llevas a cabo diariamente son hábitos.[55] Los hábitos se adquieren mediante

---

[52] «New measure of human brain processing speed», MIT Technology Review, August 2009.
[53] Potter, M., et. al., «Detecting meaning in RSVP at 13 ms per picture», Attention, Perception, and Psychophysics, 2014.
[54] Ashby, F. G., Turner, B. O., and Horvitz, J. C., «Cortical and basal ganglia contributions to habit learning and automaticity», Trends in Cognitive Sciences, volumen 14, 2010.
[55] Verplanken, B., and Wood, W, "Interventions to break and create consumer habits", Journal of Public Policy and Marketing, volume 25, 2006.

la experiencia y se refuerzan cada vez que los realizas. Por lo general, uno se siente cómodo con sus propias costumbres; por lo tanto, tendemos a favorecerlas. Cuando uno tiene una rutina que le resulta agradable, el cerebro deja de analizar el entorno y toma decisiones adecuadas. A nivel inconsciente, llevas a cabo las actividades pese a las consecuencias negativas.[56] Reflexiona sobre el recorrido que realizas cada día al trabajo. La primera vez que lo hiciste, el cerebro funcionó al máximo para absorber y procesar toda la información nueva —cruza aquí, sube por allá, desplázate a la izquierda, detente allá—. Cuando tomaste por segunda vez la misma ruta, seguro te pareció más fácil, y después de un tiempo, se vuelve automático.

Si tuvieras que prestar atención a todo lo que sucede a tu alrededor, colapsarías de la sobrecarga. Ciertos procesos deben ser «aglomerados» y almacenados para tener acceso a ellos. Este proceso se conoce como agrupamiento, o *chunking* en inglés.[57] La ventaja es que el cerebro no tiene que esforzarse cada vez que deba tomar varias decisiones difíciles, pues ya fueron tomadas e implementadas en el pasado. Por otra parte, la desventaja es que no te permite estar alerta ante los cambios que afecten la situación y ameritan decisiones completamente diferentes.

Esta función de agrupamiento de las acciones o reacciones incluso tiene un lado más negativo: pese al esfuerzo de las personas por cambiar un hábito, este nunca desaparece.

---

[56] Zanna, M. P., Olson, J. M., and Fazio, R. H., «Self-perception and attitude-behavior consistency», Personality and Social Psychology Bulletin, volumen 7, 1981.
[57] Graybiel, A. M., «The basal ganglia and chunking of action repertoires», Neurology of Learning and Memory, volumen 70, 1998.

[58] De algún modo, permanece en el archivo de la memoria. El cerebro retiene una memoria del contexto del hábito. Por ejemplo, si usualmente haces una parada para comprar café y una dona, y deseas romper con este hábito, cada vez que pases por ese lugar, debes decidir conscientemente que no comprarás nada para cuidar el peso. Para garantizar que serás capaz de hacerlo, debes utilizar la estrategia que los psicólogos llaman intenciones de implementación.[59] Si realmente te dices a ti mismo que no lo harás, entonces crearás un nuevo e inconsciente contexto y obtendrás control sobre el hábito.

Lo bueno de los hábitos

Stephen Covey es el autor más reconocido a nivel mundial por su libro *Los siete hábitos de la gente altamente efectiva* y por la venta de más de 20 millones de copias según *Forbes*. En esta obra, describe cómo obtener calidad de vida de una manera rápida y fácil.[60] La simplicidad del modelo se basa en que el carácter está compuesto por hábitos.

Esta fórmula fragmentada comprende lo siguiente: (1) Ser proactivo; (2) Comenzar con un fin en mente; (3) Poner lo primero de primero; (4) Pensar en ganar - ganar; (5) Buscar entender primero y ser entendido después; (6) Sinergizar y (7) Afilar la sierra. Covey ofrece un sinfín de ejercicios para forjar hábitos. Este tipo de modelos sintetizan comportamientos en unos cuantos hábitos y con ello refuerzan su presencia. Promueven un enfoque continuo, sistemático y replicable.

---

[58] Smith, K. S., and Graybiel, A. M., «Habit formation», Dialogues in Clinical Neuroscience, volumen 18, 2016.
[59] Koole, S., and Spijker, M., "Overcoming the planning fallacy through willpower: Effects of implementation intentions on actual and predicted task-completion times", European
[60] Stephen Covey, The Seven Habits of Highly Effective People, Rosetta Books, 1988.

Management Tomorrow

A continuación, se proporciona un resumen sobre el capítulo que seguramente será de tanto provecho para ustedes como lo fue para nosotros al escribirlo. Se describen algunas facetas sobre la bidimensionalidad:

Fortalezas	Debilidades
Determinados hacia un objetivo	Orientados a un solo camino
Abiertos a la mejor forma de hacer las cosas	Simplistas en el análisis
	Por su naturaleza pragmática, no contextualizan
Conscientes del tiempo	
Apegados a una manera	Presos de la estructura
Abierto sa ser influenciado	Presos del deber ser
Eficientes	Poco sistémicos
Prácticos	Cuidadosos de la forma
Disciplinados	Poco flexibles

Durante este recorrido, pasamos de la búsqueda de la supervivencia al reconocimiento de diversos caminos que facilitan la conexión entre sistemas humanos. El establecimiento de estructuras de trabajo permiten conquistar la excelencia en las tareas. El reconocimiento de las razones, motivaciones y preferencias vocacionales permiten identificar las diferencias individuales. Esta dimensión es por tanto, mucho más sociotécnica, es decir, conductual y estructural.

Vale la pena mencionar que es importante conectarnos con esta dimensión en momentos específicos. La elección de una carrera profesional por parte de McGregor, Maslow, Herzberg y Schein entre los dieciséis y veinte años hubiera sido determinante.

Management Tomorrow

Hay historias maravillosas como la de Harland David Sander, quien limpió trenes, fue bombero y trabajó como vendedor de llantas. Cuando cumplió sesenta y cinco años, abrió un restaurante que luego se convertiría en una de las cadenas más importantes del mundo, Kentucky Fried Chicken (KFC, por sus siglas en inglés). Sin lugar a dudas, esto es fascinante y un buen ejemplo de progreso [61].

Recursos disponibles

Para saber más sobre tu orientación hacia una preferencia específica, te obsequiamos un cuestionario. Envía un correo electrónico a info@reddinassessments.com y coloca en el título «Preferencias *Management Tomorrow*».

---

[61] Josh Ozersky, Colonel Sanders and the American Dream, University of Texas Press, 2017.

Management Tomorrow

3

El estado de consciencia del ser: Impacto de la acción (*3D*)

> «Mi ahora es aquel punto donde el tiempo nace con un sentido».
>
> Alejandro Serralde

La nueva postura de la humanidad frente al desarrollo de la consciencia y la organización parte de las respuestas a lo siguiente:

1. ¿Qué logro con lo que hago?
2. ¿Cuál es el impacto de mi conducta sobre aquello que pretendo lograr?

Es imposible entrar en la tercera dimensión de la conducta sin antes citar varios maestros. Uno de los más importantes es el gran académico Fred Fiedler, conocido por desarrollar el modelo de contingencia donde se incluye la consciencia sobre la propia situación en la ecuación de la efectividad.[62] Esto fue una gran revelación para el mundo de las ciencias del comportamiento, ya que comprobó que la conducta y el contexto están íntimamente ligados. Se evidenció que la personalidad no solo determina el comportamiento, pues este varía según el contexto social: «Uno actúa diferente si va a un funeral o a un juego de fútbol».[63] Debido a la naturaleza cambiante de las situaciones, los comportamientos que se prefieran, derivados de la personalidad, nunca podrán encajar en todas las circunstancias.

El modelo de contingencia sugiere que la efectividad de un grupo depende de la relación entre el estilo de liderazgo del individuo y el contexto situacional que le permita influir. En algunos contextos, se prefieren unas conductas sobre otras.

Fiedler encontró tres efectos que desempeñan un importante papel en las personas al momento de influir:[64]

- El poder de la posición: Se refiere al uso de recursos como título de la posición, autoridad para contratar y despedir así como el manejo de las escalas salariales.
- La estructuración de las tareas: Mientras más estructuradas sean las tareas de los colaboradores, mayor será el control de la persona a cargo. Mientras

---

[62] Fred E. Fiedler: «A Theory of Leadership Effectiveness», *McGraw-Hill*, 1967.
[63] Fred E. Fiedler et al.,, «Leadership and Effective Management", *Malaysian Institute of Management*, 1990.
[64] Robert Benhardt «Managing Human Behavior in Public and Nonprofit Organizations», *SAGE Publications*, 2013.

más flexibles sean las tareas, menor será el control de la persona a cargo.

- Relaciones interpersonales entre la persona que dirige y sus colaboradores: La persona a cargo puede utilizar su propia personalidad. Algunos lo apreciarán y otros no.

Aquellos individuos que mantengan relaciones extraordinarias con su grupo a través de tareas estructuradas y un alto poder en la posición serán poco efectivos en situaciones en donde se requiera lo contrario.

Los estudios de liderazgo han añadido un componente de fantasía a nuestras ideas, han permitido que muchos filosofen en sus redes sociales y que hablen desde un punto de vista empírico. No hay respuesta a la pregunta: ¿Cómo se coopera en una tarea común para lograr un mismo objetivo? Siempre ha sido esto un problema para la humanidad. En la actualidad, pocos trabajos admiten el individualismo como método para el logro de metas.

Las siguientes interrogantes son muy frecuentes en los estudios de liderazgo:

(1) ¿Cómo ser un mejor líder?
(2) ¿Cómo se comporta este líder?
(3) ¿Qué hace a un líder efectivo?

Las respuestas no son simples, y desde luego, no hay un solo libro o autor que establezca pasos específicos para resolver estas incógnitas en todos los contextos posibles. La postura más sensata es la del reconocido psicólogo Kurt Lewin que indicó: «No existe una manera más práctica de explicar un suceso que una buena teoría».⁶⁵ Es más fácil modificar o mejorar el estado de una situación al comprender los principios teóricos de esta.

A continuación, una gráfica del libro *Leadership and Effective Management* de Fiedler publicada hace varias décadas en *Harvard Business Review* y que describe lo siguiente:

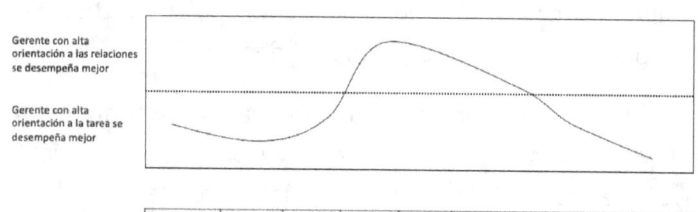

Relaciones	Buenas	Buenas	Buenas	Buenas	Malas	Malas	Malas	Malas
Tareas	Estructuradas		No Estructuradas		Estructuradas		No Estructuradas	
Autoridad	Alta	Baja	Alta	Baja	Alta	Baja	Alta	Baja

Un gerente con orientación alta a la tarea se desempeña mejor en situaciones donde tiene autoridad, goza de buenas relaciones y con tareas poco estructuradas. En contraposición, aquel con orientación alta a las relaciones tiene mejor desempeño en situaciones en las que mantiene buenas relaciones independientemente del grado de autoridad y en ambientes poco estructurados.

De lo anterior, se concluye que la efectividad conductual de un individuo depende del tipo de influencia que el gerente ejerza en cada una de las situaciones. Desde nuestro punto de vista, Fiedler estableció la conexión del liderazgo con la realidad.

---

⁶⁵ Kurt Lwin «Field Theory in Social Science», *Harper & Row*, 1951.

A partir de estos hallazgos, se han elaborado una infinidad de modelos, entre ellos el de la teoría 3D que abarca cincuenta años de experiencia en este campo y que está plasmado en *Medio siglo de efectividad gerencial*.[66]

Cuando se reconocen las propias capacidades en la situación y el contexto dado, se identifica con mayor facilidad el papel a desempeñar. Lo mismo sucede respecto a la responsabilidad frente a las expectativas y el alcance de la influencia para contribuir en el progreso de la humanidad.

A partir de nuevas situaciones, se producen nuevas formas de contacto, exigencias, respuestas y oportunidades de aprendizaje mediante el contacto con la realidad. A mayor rigidez, la posibilidad de actualización, cambio, crecimiento, maduración y creación es menor.

La consciencia de impacto nace del efecto que se produce de actuar con una intención y obtener un resultado totalmente distinto. Por ejemplo, desahogarse sobre alguna pena o frustración en ocasiones alivia a la persona que las siente. En este sentido, Freud tenía razón, y puede ser útil. Cuando no es el caso, se puede afirmar que Adam Grant estaba en lo correcto al decir que a veces la llama se hace más grande cuando uno se desahoga.[67] Por tanto, ¿cuándo se escucha a alguien desahogarse y cuándo no? No hay una respuesta algorítmica.

De alguna u otra forma, la experiencia nos da cierta sabiduría para ser selectivos a la hora de escuchar. Igual pasa con la toma de iniciativa, cuando sé es muy diligente con las

---

[66] Alejandro Serralde «Medio Siglo de Efectividad Gerencial», *Amazon*, 2020.
[67] Adam Grant, Originals: How Non-conformists change the world, W H Allen, 2016.

normas o se complace a todos. Las llamadas mejores prácticas de la segunda dimensión (2D) facilitan el camino para la excelencia, pero no son suficientes para tener consciencia de impacto. Para desarrollar la consciencia de impacto el camino es mucho más complejo. En *Management by Objectives*, W.J. Reddin lo afirma y es que «desaprender es algo que debe venir antes que el propio aprendizaje para ganar este grado de consciencia».[68]

Para desarrollar consciencia, los seres humanos deben desaprender cosas del pasado y así conectar de forma más objetiva con cada una de las situaciones. Viktor Frankl, sobreviviente del Holocausto solía decir: «Cuando ya no podamos cambiar una situación, tenemos el desafío de cambiarnos a nosotros mismos».[69]

En el capítulo dos, se hizo referencia al trabajo de Douglas McGregor, autor de las teorías de liderazgo X y Y. Ambas de naturaleza bidimensional dieron origen a una tercera teoría, la Z, que fue elaborada por William Ouchi, profesor de Stanford. Es contextualista y congruente con autores como Fred Fiedler, W.J. Reddin, Erick Fromm y Peter Drucker, quienes han dejando un impresionante legado como guía para una gestión más creativa, productiva y realista. En su libro, *Teoría Z*, Ouchi resalta:[70]

- La importancia de la voluntad del ser frente al cambio.
- Por naturaleza, el ser humano está abierto al bien y al mal. En este sentido, hay que ser cuidadoso al juzgarlo.

---

[68] W.J. Reddin «Handbook of Management by Objectives» Tata *McGraw Hill*, 1988.
[69] Frankl, V., *Man's search for Meaning*, Ebury Publishing, 2008.
[70] Ouchi, William. «Theory Z», *Avon*, 1982.

- La situación nos puede orientar e impulsar nuestra manera de actuar.
- La razón es parte fundamental de la motivación.
- La interdependencia es el modo básico de interacción del hombre. Por consiguiente, la interacción es la unidad social más importante.
- La objetividad describe mejor la visión que el ser humano tiene de sí mismo.

Algunos consideran el trabajo como la vía de realización propia y buscan la satisfacción de sus metas a través de las de la organización a la que pertenecen. En este sentido, hay una atmósfera de credibilidad entre unos y otros, ya que cada cual actúa de forma adecuada en lo que a sus responsabilidades concierne.

Los motivos del ser humano se vuelven un fenómeno endógeno, es decir, nacen de cada quien en la búsqueda de su realización personal que se confirma mediante la capacidad de logro en el marco de la organización. La principal forma que toma es la del desafío hacia tareas cada vez más complejas e interesantes. El entendimiento, la afiliación y la estima se dan como consecuencia natural de la coordinación y la congruencia en las áreas de trabajo.

La libertad individual depende de la capacidad para obtener resultados propios bajo un marco de interdependencia y colaboración. Es el mejor ingrediente de la seguridad personal, pues cada quien establece los objetivos con los que está altamente comprometido en las áreas de efectividad, que a su vez han sido establecidas en consenso con otros.

Se define el trabajo en base a los resultados que ha de producir a favor de la organización en vez de la descripción dada (la del puesto) por una persona ajena a la posición. En la organización, la contribución de cada quien se hace evidente, y esto ayuda a establecer las expectativas. Con esto, las acciones se rigen por el análisis de las situaciones dinámicas.

Se mantiene la interacción persona a persona y grupo a grupo a un nivel máximo a partir del cual la sinergia es un resultado natural sin importar el estilo de comportamiento que se dé.

La información útil al sistema fluye de forma libre en los niveles de la organización. Se maneja con apertura y franqueza así como interés compartido en la superación del todo. El ejercicio de la retroalimentación dinámica es normal y tiene como atributo principal la objetividad para señalar tanto lo malo como lo bueno.

Se toman las decisiones en el nivel jerárquico más cercano a la fuente de información y de distintas formas —uno solo, uno a uno, uno a todos, mayoría o consenso— según la situación lo requiera.

Sin embargo, la práctica del consenso es muy frecuente, ya que implica un gran nivel de involucramiento y compromiso en las decisiones. Esto es así siempre y cuando todos aporten su conocimiento y se avance en la implementación al reducir la resistencia al cambio. Para tomar una decisión en consenso, cada quien expone sus puntos de vista, los respalda y compara con los de los demás hasta llegar a una solución que satisfaga a todos por igual. Cuando se llega al acuerdo, cada participante defiende la decisión como propia.

Se utiliza un liderazgo enérgico cuando favorece los propósitos de la organización y es congruente con la situación. También, se deben tener en cuenta los sentimientos de los demás según sea el caso. La filosofía de la organización desempeña un papel preponderante en el proceso de influencia.

Cuando se obtiene consciencia del impacto, somos capaces de orientar la realidad, lo cual nos permite adaptarnos rápidamente. Las organizaciones conscientes tienen orientación al mercado y admiten que las exigencias de este influyan en la conformación de la estructura organizativa. Las estructuras también son susceptibles a los grupos informales, es decir, es muy probable que aquellos que trabajan de forma exitosa sean reconocidos e incluidos en el diseño formal de la estructura, el organigrama. Además, el buen funcionamiento se logra con criterio y no mediante el apego forzoso a políticas.

Netflix ha revolucionado la forma cómo las compañías operan. En su libro, *No Rules-Rules,* el fundador y actual CEO, Reed Hastings, explica que «no se necesitan políticas sobre absolutamente todo para crear una cultura». Algunas características que diferencian a esta organización de otras son las siguientes:

- En cuanto a la retención del personal talentoso, se debe estar preparado para responder: ¿Cuáles de ellos estoy dispuesto a retener sin importar el costo cuando la competencia les ofrezca empleo?

- El dar espacio al personal talentoso no exige una política de vacaciones; todo lo contrario, son ellos libres de elegir cuándo toman sus vacaciones.
- Cuando se pone la honestidad de primero, esto se traduce en dar el ejemplo, proporcionar retroalimentación y mantener canales de comunicación abiertos en todas las direcciones.

Sin políticas de retención, vacaciones, vestimenta y con estructuras cerradas, el personal de Netflix utiliza su criterio de manera atinada. Además de ser uno de los lugares favoritos para trabajar, el valor de la acción de esta compañía ha subido de 1 a más de USD 500 en el NASDAQ durante sus diecisiete años de operación.[71] Algunos consejos de *Reed Hastings* para una cultura sin reglas, pero ordenada son:

- Desarrolla una organización llena de talentos. Los colegas son quienes hacen grandioso un lugar de trabajo.
- Abre los canales de comunicación para que la franqueza sea parte de la organización. Fomenta que las personas digan con intención positiva lo que piensan.
- Elimina algunos focos de control. Empieza por las vacaciones y termina con las autorizaciones de viaje.

Sin duda, esta forma de operatividad prioriza la organización o el sentido grupal sobre las necesidades

---

[71] Reed Hastings & Erin Mayer. «No Rules Rules: Netflix and the Culture of Reinvention», *Penguin Press*, 2020.

individuales, y con ello se suprime el egoísmo. Resulta ejemplar como la consciencia del ser norma a la conducta. A veces, se cae en la tentación de pensar en la posibilidad de abuso por parte del personal ante la naturaleza de estas políticas. No obstante, la realidad es que ocurre justamente lo contrario. ¿Podrían todas las empresas operar así?

Según Jim Collins, autor de *Good to Great* y quien ha estudiado a profundidad empresas con un crecimiento 10X, las similitudes son las siguientes:[72]

1. Existe un liderazgo flexible, en el que la humildad y la cultura orientada a la ejecución prevalecen. Nuestro dicho «Primero, la ejecución, después la elegancia» ilustra esto en las compañías.
2. Enfocado en la construcción de equipos talentosos.
3. Tanto la objetividad como el realismo son ejercicios del día a día.
4. Disciplina para la ejecución.

De lo anterior, se concluye que las empresas que tienen talento disponible y un alto nivel de consciencia pueden permitirse una cultura libre, alejada de los controles y de muchas políticas. El primer paso para llegar a dicho nivel de consciencia es obtener la respuesta del para qué y luego del cómo.

Consciencia de impacto: ¿*Para qué*?

A fin de aumentar el nivel de consciencia y conocer el impacto de la conducta, la medición es fundamental, ya que para

---

[72] Jim Collins. «Good to Great», *Harper*, 2001.

mejorar hay que medir y tener un valor de partida.[73] W.J. Reddin definió como áreas de efectividad y métodos de medición al valor de partida y de logro.[74]

Las áreas de efectividad (AEs) o *effectiveness areas* en inglés (EAs) describen en pocas palabras los resultados esperados de una posición. Entre otras cosas, establecen lo que sucede después de que una persona es efectiva y no lo que necesita para serlo. Tal como W.J. Reddin indicó: «La única responsabilidad de una persona en posición gerencial es ser efectiva». Por lo tanto, es necesario establecer estas áreas como primer paso. Desde nuestro punto de vista, esto permite:

- Orientar a la persona para crear valor. ¿Qué obtienes cuando eres efectivo? Al lograr el nivel de consciencia, ¿qué se logró o se necesita cambiar?
- Asumir el impacto de las acciones. ¿Cómo se puede resumir el valor que agregaste a la organización?
- Evitar el colectivismo innecesario. ¿Son estos los resultados esperados de la posición o de alguien más?
- Promover la colaboración y la alineación. Una vez que has sido efectivo, ¿cómo podrán tus colegas serlo?
- Enfocar el pensamiento en una cantidad suficiente, pero no excesiva de resultados. Si inviertes el tiempo de este modo, ¿agregarás valor a tus áreas de efectividad?

A diferencia de otros autores, W.J. Reddin desarrolló esta práctica previa al establecimiento de objetivos. La

---

[73] Stuart-Kotze and Serralde, «Los Siete Secretos de los Líderes Altamente Efectivos», Ink-It Publications, 2018.
[74] W.J. Reddin, «Effectiveness Areas», McGraw-Hill, 1972.

siguiente tabla ilustra cómo varía la planificación según el enfoque que se utilice.

Iniciar la planificación con áreas de efectividad	Iniciar la planificación con objetivos
¿Qué quiero lograr?	¿A dónde quiero llegar?

Cuando se inicia la planificación con aquello que se quiere lograr, se visualiza la síntesis del éxito en caso de ser efectivo. En el mundo de las metas, suele ocurrir que aunque definas el rumbo y llegues al destino, no lograste nada.

Uno de los grandes beneficios de empezar por el qué es que se definen el cuánto, el cuándo y el cómo con mayor facilidad. Después de establecer las áreas de efectividad, W.J. Reddin propuso definir los métodos de medición, es decir, los números, valores, porcentajes e índices. También, se le conocen en inglés como *key performance indicators* (KPIs).

Una vez definidos las áreas de efectividad y los métodos de medición, se debe determinar el **cuánto del qué**: el objetivo (O). Por naturaleza, este es SMART, es decir, específico, mensurable, alcanzable, relevante y temporal. Aquí el tiempo de duración es el único componente adicional.

El esfuerzo se organiza de forma adecuada cuando se establecen los parámetros estructurales como las áreas de efectividad, los métodos de medición y los objetivos. Luego, se inicia la fase de planificación, la cual abarca lo siguiente:

- ¿Cuáles serán los obstáculos?
- ¿Qué estrategias utilizaré para superar los obstáculos?
- ¿Qué actividades clave debo ejecutar?

Cuando se evalúan de manera continua tanto las estrategias como las acciones clave, la efectividad real aumenta. W.J. Reddin desarrolló estas ideas hace cincuenta años, y hoy en día son utilizadas por corporaciones exitosas como Google, Apple e Intel.

Andrew Grove, uno de los directores generales con más éxito en la historia de Intel, desarrolló una metodología en base a objetivos a partir de las ideas de W.J. Reddin llamada *Objectives Key Results* (OKR, por sus siglas en inglés). Mediante este sistema, se comprobó lo valioso del trabajo colaborativo a través del enfoque y métodos de medición simples.

En 2019, John Doerr, discípulo de Grove, escribió en su libro *Measure What Matters* que cualquier proceso de transformación hacia resultados clave será exitoso si cumple con lo siguiente:[75]

1. Las prioridades clave están alineadas para crear foco.
2. Las prioridades se alinean de forma continua con los resultados para fomentar la flexibilidad.
3. Hay un método para dar seguimiento y promover una cultura responsiva.
4. Resulta conveniente promover resultados de alto nivel para alentar una gran ambición en todos.

Coincidimos con los cuatro pasos de Doerr. Solo vale la pena resaltar que el proceso de transformación mediante prioridades aparte de ser estructural y sistémico también es conductual. Es muy desafiante debido a la naturaleza cambiante del ser humano. Por esta razón, se agregó la implementación a través de métodos participativos como quinto paso en el proceso. Para ello, se requiere lo que W.J.

---

[75] John Doerr «Measure What Matters» *Penguin*, 2019.

Reddin define el descongelamiento en su libro *Effective Management by Objectives* .[76] Según Chakraborty, Charnock, Drucker, Edwardes, Froissart, Garrett, Hancock, Humble, Koontz, McConkie, Ryan y Odiorne, **«desaprender es algo que debe venir primero que el propio aprendizaje»** en todo proceso de transformación.[77]

Consciencia de impacto y su origen

El apego indiscriminado a una autoimagen determinada a partir de la impresión de otros individuos sobre nuestra persona, quizá distorsionada por los intereses personales y sin cuestionamiento alguno, nos aleja de la consciencia de nuestro propio ser y del presente.

Joe Luft y Harry Ingham desarrollaron un modelo que llamaron la Ventana de Johari.[78] El propósito era la resolución de problemas interpersonales en grupos o equipos. Para crear confianza, los individuos necesitaban estar dispuestos a dar y recibir retroalimentación sobre su conducta. Los participantes debían divulgar ciertas cosas personales, pero no todo (la persona *A* le daba información sobre él mismo a *B, C* y *D*) y también debían decirle a sus compañeros de equipo lo que observaban de ellos (la persona *A* le decía a *B, C* y *D* lo que él o ella había notado respecto a ellos, sobre lo cual podían estar conscientes o no). De este modo, encontraron la distancia que los hacía sentir más cómodos y con quiénes interactuaban.

El trabajo y los hallazgos de Fred Fiedler promovieron la creación de un sinfín de modelos de liderazgo, entre los cuales se encuentra el nuestro, establecido por W.J. Reddin. La naturaleza cambiante de las situaciones requiere estar alerta

---

[76] W.J. Reddin «Effective Management by Objectives» *McGraw Hill*, 1971.
[77] W.J. Reddin «Handbook of Management by Objectives» Tata *McGraw Hill*, 1988.
[78] http://communicationtheory.org/the-johari-window-model

ante los cambios del entorno así como la conducta necesita retroalimentación. Ciertas situaciones lógicas conllevan a actuar de forma incongruente. Algunas causas del comportamiento pasivo-agresivo son:

- La frustración
- La pérdida de autoestima
- Miedo a evidenciar las debilidades
- Terror a la pérdida de control

Si nunca te has enfrentado a una situación de esta naturaleza, o bien la lograste superar, hay otras que nos hacen comportarnos con cobardía frente al conflicto. En muchas ocasiones, esta evasión está causada por:

- La percepción y el manejo de una situación bajo un enfoque de ganancias y pérdidas
- Miedo de perder algo, por ejemplo, argumentos, decisiones o batallas
- Voluntad limitada para dedicar tiempo o energía así como para procesar conflictos
- Poco interés para asumir el costo emocional del conflicto

Por último, existen otros factores que nos hacen evadir la responsabilidad tales como:

- Miedo al fracaso
- Poco interés al ser retados por otros
- Temor de asumir la responsabilidad
- Poca flexibilidad hacia tareas que no son de nuestra preferencia

Cuando se trata de la tridimensionalidad del ser, el individuo debe prestar atención al qué, al cómo y al impacto de sus acciones sin importar la cultura, las preferencias o el nivel en el que esté en la organización. En algún momento, lo que hacemos tiene la finalidad de influir en el otro. Algunas acciones influyen más que otras, pero todas tienen impacto. Según el reconocido profesor Peter Honey, ninguna tiene un efecto nulo.[79]

Nuestra capacidad de conexión con los otros es algo más que un proceso consciente. Daniel Goleman, quien ha vendido más de cinco millones de copias del libro *Inteligencia Emocional*, dice: «La neurociencia descubrió que el cerebro está programado para conectar con los demás, y que cada vez que dos o más personas se encuentran, sus cerebros también lo hacen».[80]

El gran aporte de Goleman consistió en conectar los sentidos y las emociones con la inteligencia. También, demostró cómo el nivel de inteligencia aumenta a través de las emociones y las siguientes dimensiones:[81]

- Reconocimiento de las emociones para identificar nuestra propia condición.
- Manejo de las emociones mediante el autocontrol para facilitar la interconexión con otros.
- Motivación hacia metas y objetivos que nos permita dirigir nuestras intenciones.
- Reconocimiento de las emociones de los otros para crear espacios de conexión y empatía.
- Manejo de las relaciones interpersonales a través del desarrollo de habilidades para manejar las emociones de los demás.

---

[79] Peter Honey, «Improve Your People Skills», 2nd ed., CIPD, 1997.
[80] Daniel Goleman, «Social Intelligence: The New Science of Social Relationships», *Bantam Books*, 2006
[81] Daniel Goleman, «Emotional Intelligence: Why it can matter more than IQ», *Bantam Books*, 2012.

Este concepto tuvo gran acogida, se convirtió en proverbio y es de interés común. Son conceptos que ahora manejan tanto jóvenes como adultos. Sobre esto, se escribe de forma continua y se hace énfasis.

Peter Drucker, a quien admiramos por su capacidad de hacer preguntas, en su libro *Managing Oneself* sintetiza de manera muy sencilla los conceptos que facilitan la toma de consciencia. La lista puede parecer básica, pero tan solo basta dedicar unos minutos para percatarse de lo útil que es: [82]

1. ¿Qué tan efectivo estoy siendo hoy?
2. ¿Antepongo alguno de mis valores para ser efectivo?
3. ¿Tengo sentido de pertenencia profesional al lugar al que dedico tanto tiempo?
4. ¿Cómo puedo agregar más valor a la organización y a mi propia profesión?
5. ¿Qué debería hacer para fortalecer las relaciones en mi área de trabajo?

¿Tiene la consciencia un costo?

En gran parte, las preguntas anteriores permiten evaluar el contexto personal así como ser consciente sobre los qués y los cómos en base a la efectividad propia.

Aquellos cuya vida profesional y años dorados han transcurrido en el siglo XXI, han sido expuestos a un gran flujo de información que supone una fuente de retroalimentación continua. Para quienes no están preparados, la toma de consciencia puede ser amenazante; por el contrario, resulta

---

[82] Peter Drucker, «Managing Oneself», *Harvard Business Review*, 2005.

muy beneficiosa para los que han enfocado su energía en lo correcto.

En esta profesión, hay una cuota de dolor. Fuimos educados para observar la conducta humana en tres dimensiones. Y, en efecto, para eso nos pagan, lo cual es a veces incómodo. En vista de que no podemos predicar aquello que no cumplimos, hemos desmantelado los mecanismos de defensa propios para cuestionar la realidad. Es más difícil cuando somos exigentes y luchamos contra nuestra propia racionalización, proyección, desplantes irracionales y confundimos las causas por consecuencias.

En ocasiones, uno llega a cuestionarse si son más felices aquellos que carecen de consciencia que los que tienen cierto nivel. Mi bisabuela solía decir: «A veces, la risa puede llegar a ser la mueca de la imbecilidad». Lo hacía para referirse a quienes cometen un error por descuido y que lejos de hacerse conscientes, se ríen de forma nerviosa. Incluso, me he llegado a cuestionar si no les pesa equivocarse. Una vez escuché a un profesor de psicología citar a un libro de Friedrich Nietzsche que decía: «La ganancia del dolor es el crecimiento».

Algunas características del ser tridimensional son:

Fortalezas	Debilidades
Realistas en cuanto al entorno	Crudos respecto a la realidad
Objetivos respecto a la realidad	Obsesivos
Tiene consciencia de impacto	Poco prácticos
Pragmáticos respecto a la realidad	Adictos al trabajo
Efectivos ante la situación	Excluyentes
Actitud preventiva	Individualistas en cuanto a resultados
Capacidad de materialización	Narcisistas
Interesado en el impacto	Neuróticos

La consciencia sobre las capacidades, limitaciones y prioridades propias permite canalizar la energía para aquello que agrega valor a la realidad. Por lo tanto, hay que dejar de lado las acciones que compiten por nuestra atención.[83] En la investigación quizás más exhaustiva sobre los factores determinantes del desempeño, Morten Hansen, reconocido autor y profesor noruego, halló que el establecimiento de pocas prioridades así como los esfuerzos correspondientes para cumplirlas son fundamentales para determinar el alto nivel de efectividad.[84] Por consiguiente, es necesario definir las áreas de efectividad y la conducta humana a través de estilos. Esto conlleva a la simplificación, y tal como señala Hansen, a no dejarnos engañar por elementos que nos distraen.

---

[83] Fallon, S. J., et. al., «Prefrontal dopamine levels determine the balance between cognitive stability and flexibility», *Cerebral Cortex*, volumen 23, 2013.
[84] Hansen, M. T., *Great at Work: How top performers do less, work better and achieve more*, Simon & Schuster, 2018.

Un sistema humano efectivo

Existe una organización que tiene el cien por ciento del control en sus manos. La mayoría de los miembros ven al director como un autócrata. Las áreas de efectividad de cada posición están bien definidas. Como entidad, funciona muy bien, produce una gama de productos hermosos y la satisfacción laboral es alta. Se atribuye el éxito al entrenamiento de los individuos, la comprensión tanto del concepto como de la medición de la efectividad a nivel institucional así como el diseño sistémico por parte de expertos. La retroalimentación sobre el desempeño es inmediata y hay un sistema de recompensas. Nos referimos nada más y nada menos que a la Orquesta Filarmónica de Nueva York. [85]

Entonces, **¿por qué no se diseñan así los sistemas organizativos?** Cuando una entidad está bien delineada, la satisfacción laboral se genera de forma espontánea y clara. Las participaciones de los miembros están claramente establecidas, se hace énfasis en el trabajo de equipo y los objetivos están vinculados a nivel horizontal y vertical. Por lo tanto, hay un alto nivel de motivación y desempeño. ¿Qué otra cosa pudiese suceder?

---

[85] W.J. Reddin, «The Best of Bill Reddin», *Tamarisk S.A.*, 1985..

Recursos disponibles:

Para saber más sobre tu tridimensionalidad, te obsequiamos un cuestionario. Envía un correo electrónico a info@reddinassessments.com y coloca en el título «XYZ Management Tomorrow».

4

La aspiración natural del ser: **Realización** (*4D*)

> «*El futuro permanece siempre allá: vivificado por nuestra capacidad de imaginación y nutrido por la fuerza de nuestra aspiración*».
>
> ALEJANDRO SERRALDE

Sir Thomas Huxley, conocido por ser el mejor promotor de las ideas de Darwin y la evolución humana, afirmaba que la acción prevalece ante el conocimiento como la principal finalidad del hombre.[86] Dicha afirmación es muy cierta, ya que la realidad solo se comprueba mediante hechos. Las ideas en sí no son suficientes. Una buena idea —sin importar su naturaleza— se

---

[86] Sir Michael Foster & Ray Lankaster, «The Scientific Memoirs of Thomas Henry Huxley: Supplementary», *Leopold Classic Library*, 2015.

transforma en un hecho comprobable cuando se pone en funcionamiento.

En la elaboración sobre los planos dimensionales de la conducta y en la búsqueda de criterios para comprender mejor la realidad, tomamos como punto de partida la propuesta de W.J. Reddin con su enfoque de tres dimensiones (3D) respecto al impacto de la conducta. Para cuestionar el comportamiento, siempre se ha de preguntar qué se logra con este. Por ejemplo, cuando se califica a una persona como agresiva, esto no describe la realidad global de su acción a menos que ese sea el propósito. Este autor plantea que el comportamiento debe ser observado en base a su influencia, tal como se señaló en el capítulo anterior.

Cuando se deriva el impacto de la acción, se propone una dimensión adicional del comportamiento que se conoce como teoría 3D. Aparte de W.J. Reddin, hay otros autores como Fred Fiedler, Paula Hersey, Ken Blanchard e Ichak Adizes que son partidarios de este modelo.

La geometría de la 4D

Dada nuestra formación en el campo de las ciencias, observamos el fenómeno que ocurre cuando un punto recorre el espacio para generar una recta, lo que constituye la expresión geométrica de un cuerpo de una dimensión. Cuando este se desplaza, se genera una superficie, y cuando esta recorre el espacio, se produce volumen. Al desplazarse el volumen en el espacio, el tiempo transcurre. Este es el punto de partida de la propuesta de la cuarta dimensión (4D), inspirada también en la premisa de W.J. Reddin quien establece que un gerente altamente efectivo tiene la capacidad de crear su propio futuro. ¿Y qué hay más allá de la

efectividad? Pues, darle un sentido, que no es más que concebir el porvenir, y de ahí la realización.

En este sentido, la premisa de Huxley se hace más pertinente aún, ya que la acción con propósito permite disponer del tiempo para la realización personal. De nuestra actitud ante el futuro, surge el marco de referencia para comprender la conducta desde una cuarta dimensión (4D), que constituye la generación de futuro de autorrealización. Dicha propuesta está fundamentada en los siguientes tres elementos:

1. Posición existencial - Expectativas sobre mí respecto al logro futuro.
2. *Quántum* personal - Energía enfocada en el logro de la misión.
3. Áreas de realización - Declaración de la misión personal de vida en base a resultados.

Sección 1 de la 4D: posición existencial y expectativas sobre mí respecto al logro futuro

«Nuestro verdadero futuro es nuestro propio desarrollo en el ahora, no en el mañana del tiempo que pasa», señaló Maurice Nicoll, escocés graduado de Ciencias en Cambridge.[87] La acción en el ahora —el tiempo vivido— está implícita como ruta para la creación del futuro, lo cual constituye el punto capital de nuestra propuesta. Plantea que el verdadero sentido del esfuerzo consiste en abrazar la obra de realización personal. La visión del proceso de realización consiste en que el ímpetu propio nos lanza en la dirección de la flecha del tiempo —arriba y adelante— como consecuencia de la influencia de la inconformidad y el deseo de alcanzar otros estados de plenitud y satisfacción. Este desplazamiento se encuentra determinado por los dictámenes del «presente» que vivimos, lo que genera una corriente de atracción a los hechos deseados con el mismo vigor mediante el cual nos entregamos a la acción inherente.

De esta manera y bajo el enfoque de Maurice Nicoll, el «ahora» —perpendicular al tiempo— es el tiempo vivido y permanece como experiencia de vida y no se va al pasado, ya que no pertenece a la memoria, sino a la vivencia. Con una mentalidad de trigonometría se dice que es perpendicular al tiempo que pasa, pues permanece y no se va con éste. Más bien viene a crear una especie de campo magnético que contiene toda la emoción vivida, de acuerdo al filósofo francés

---

[87] Maurice Nicoll, «New Man: An Interpretation of Some Parables and Miracles of Christ», *Martino Fine Books*, 2019 (reprinted from 1951 edition).

Management Tomorrow

Henri Berson. [88]

En esta interfaz se concentra nuestra acción que está encaminada hacia la construcción de la obra personal. Dada la fugacidad del presente, cada instante produce la precipitación de partículas de futuro que se incorporan al «ahora», toda vez que como Bergson sostiene, lo único que pasa es el presente, pues la nueva realización con su carga de motivación queda registrada literalmente como un «plasma» en el «ahora». Se trata de ese campo magnético que está fuera del tiempo, pero que lo hace posible a través de la aspiración personal que nos anima a vivir en la dirección de nuestra búsqueda. A esto lo definimos como el *quántum* personal.

En cuanto a la fugacidad del tiempo, Séneca señaló: «Nos equivocamos cuando miramos a la muerte como futura; una gran parte de ella es cosa ya pasada. Lo que de nuestra edad dejamos atrás está en manos de la muerte. Has de aprovechar todas las horas».[89] De este modo, dependes menos del mañana, si el día de hoy lo tienes bien asido. Mientras se difiere, la vida transcurre. Nada es nuestro excepto el tiempo. La naturaleza nos puso en posesión de una sola cosa, tan fugaz y escurridiza, que de ella nos expulsa todo el que quiere.

En términos más coloquiales y menos filosóficos, los individuos deben identificar la actitud ante el futuro para así determinar cuál es su misión, o en otras palabras, su obra maestra de vida, que active el campo generador de energía para lograrla. Deben hacerlo siempre consciente en base al cómo.

---

[88] Henri Bergson, «The Collected Works of Henri Bergson: Laughter, Time and Free Will, Creative Evolution, Matter and Memory, Meaning of the War & Dreams», *Amazon* 2018.
[89] Lucius Annaeus Seneca, «Letters from Stoic», *Penguin* 1969.

Para facilitar esto, los seres humanos se diferencian entre otras cosas por la necesidad de logro, pues hay quienes desean lograr muchas cosas por su naturaleza ambiciosa; y, esto es determinante en cuanto a la aspiración de futuro. Otra variable es el plazo de tiempo. Algunos tienen un nivel de ambición moderada y suficiente paciencia para su propósito; en cambio, otros tienen una gran ambición y cierto sentido de urgencia.

Lo anterior se puede ilustrar así:

I. Corto plazo/ Necesidad de logro moderada
II. Largo plazo/Necesidad de logro moderada
III. Corto plazo/Necesidad de logro elevada
IV. Largo plazo/Necesidad de logro elevada

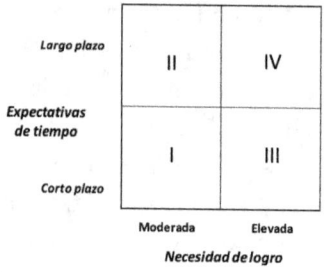

La combinación de estas dos variables da origen a cuatro clasificaciones denominadas posición existencial. Cada posición influye en un determinado tipo de conducta que es susceptible de aparecer cuando se aborda una situación física.

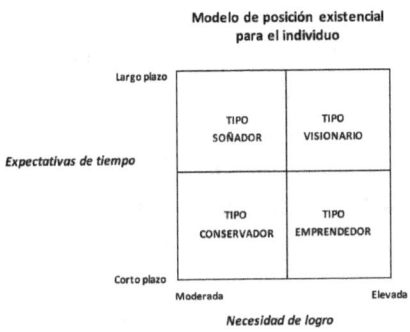

Modelo de posición existencial para el individuo

Tipo Conservador - Se caracteriza por la búsqueda de realización personal a través de actividades que rindan dividendos en breves periodos de tiempo y se limiten al ámbito de lo personal con una necesidad de logro moderada. Se identifica con las cosas concretas y las prácticas libres de especulación. Por consiguiente, el individuo se mueve de forma conservadora porque necesita estar seguro de que pisa terreno firme. La cautela es un rasgo que bien define esta conducta. Frecuentemente, este tipo de persona se empeña en proyectos con una finalidad muy clara y que se ajustan a las posibilidades de realización del ahora. Por lo general, esto refleja una actitud prudente extrema, salvo por cualquier riesgo que amenace el logro del objetivo.

La persona se aparta de cualquier especulación que pueda exigirle emplear más de lo que tiene dispuesto — esfuerzo o recursos— para cumplir sus expectativas. Tiene muy claro lo que le basta y suele adaptarse a lo que buenamente puede lograr sin necesidad de arriesgar la vida, la integridad o la salud. Actúa de forma austera, pero segura. Se aparta de cualquier manifestación de espectacularidad, y por esta misma razón, rara vez se ocupa de proyectos personales que requieran más de lo que sus posibilidades le permitan.

La mentalidad del tipo conservador lo guía al buen uso de lo disponible y a la reserva en el gasto. Es capaz de dar pequeños pero muy firmes pasos. En ocasiones, alcanza grandes metas a lo largo de los años. En el terreno de lo material, se destaca por logros como inversiones, ahorros, propiedades, etc. En cuanto a lo inmaterial, se caracteriza por el prestigio personal de solvencia, rectitud, honestidad y constancia. Suelen ser sensibles a cambios que demanden poco esfuerzo y, en todo caso, a aquellos que correspondan al área de influencia como el de los procedimientos, porque estos le ayudan a controlar mejor el progreso.

Por lo general, el individuo con una necesidad moderada de logro a corto plazo es predecible y confiable así como digno de ser tomado en consideración para proyectos de gran alcance por la constancia y la seguridad que comunica. Lo único a tener en cuenta es que debe integrarse en proyectos de corto alcance, a la altura de su capacidad de riesgo y que se concatenen de manera sucesiva en un orden de complejidad creciente. También, lo puede hacer por sí mismo para aprovechar al máximo su virtud. La prudencia que tiene en cuanto al horizonte de tiempo nace de su indisposición natural hacia la especulación, ya que su inclinación a lo concreto le impulsa a mantenerse siempre dentro de escenarios que no guarden sorpresa alguna. Esto explica que la discreción y la austeridad lo llevan a utilizar de forma marginal sus dotes de realización. De este modo, se inhibe de todo intento de forzar su voluntad y destreza. Es un *realizador conservador por antonomasia*, pues sabe bien que su disposición a arriesgar poco, le da poco beneficio, pero seguro y predecible.

Esta descripción permite comprender la forma de proceder de este tipo de persona ante su propio proyecto de vida. Como es lógico, un individuo con otra posición existencial puede abordar situaciones específicas mediante conductas conservadoras como las descritas anteriormente. Por ejemplo, puede actuar con cautela ante un evento novedoso y de gran riesgo para aumentar la seguridad de su posición. La intención produce una actitud y esta a su vez, una conducta que otros observan, la cual influye en ellos para la consecución de los propósitos propios.

Los siguientes son indicadores de conductas del tipo conservador:

1. **Condiciones pactadas**: Consiste en asegurar el alcance de la labor al conocer con anticipación las condiciones bajo las cuales se va a desempeñar. Delimita los posibles riesgos y pacta formalmente los términos de la gestión. De este modo, solo cumple con lo acordado y no invierte más esfuerzo del requerido.
2. **Procesos definidos**: Por su naturaleza de pasos firmes, define procesos que le permitan estimar el esfuerzo y los recursos necesarios antes de empezar. Solo actúa cuando ha determinado el trayecto y las exigencias.
3. **Claridad costo/beneficio**: La necesidad propia de minimizar riesgos lo obliga a definir de forma clara el retorno del esfuerzo a invertir. Rara vez se involucra en una situación donde la relación costo-beneficio sea incierta.
4. **Mecanismos de separación**: Fiel al pensamiento que todo tiene un principio y fin, necesitar saber cómo

concluye la acción, cómo se lleva a cabo, quién es el destinatario y cómo él se desvincula para salvaguardar su responsabilidad antes de iniciar con otro segmento.

5. **Documentación de experiencias**: Convencido de que la memoria pertenece al campo de la cuarta dimensión, tanto en lo inmaterial, su afán por lo concreto lo lleva a crear una memoria comprobable para dar fe de sus actos y así documentar sus experiencias. De este modo, genera las evidencias de su acción.

Tipo Soñador - Se define este tipo de posición existencial por la expectativa a largo plazo junto a una necesidad de logro moderada. Se trata de un individuo interesado en proyectos de trascendencia. Es capaz de romper todo precedente con tal de brindar la mayor calidad posible. El nivel de ambición es medio, ya que el objetivo principal puede exigir el subsidio o sacrificio de beneficios. Se encuentra muy entusiasmado con su obra sin importar que tan productiva o rentable pueda ser. El motivo tras dichas iniciativas puede ser muy evidente, pero quizás el esfuerzo sea percibido como un lance romántico y quijotesco por otros. El soñador se entrega al proyecto con devoción sin prisa por terminar. Lo motivan los estándares de perfección y excelencia que solo él valora. Se entrega de forma incondicional a la causa e incluso puede renunciar a ciertas oportunidades atractivas.

En este tipo, la ambición consiste en el deseo de superación personal, independientemente del beneficio. Cuando se obtiene un beneficio material, la cualidad espiritual de la conducta motriz permanece igual. Este individuo puede participar en un sinfín de causas cuyo valor es solo visible para él. Por consiguiente, se convierten en obras netamente de realización personal donde las cuotas de sacrificio y entrega solo las conocen quien las lleva a cabo.

Estas personas no tienen prisa, o por el contrario, pueden sentir que el tiempo mecánico dura más de lo real. Por lo tanto, su puntualidad es una mera casualidad o coincidencia. Se rigen básicamente por los dictados del proceso de realización sin tomar en cuenta los dominios del tiempo mecánico. El cumplimiento de metas y objetivos solo tiene valor desde el punto de vista de la completación del proceso, más no del cumplimiento de un tiempo límite. El nivel de ambición es moderado, ya que la satisfacción proviene del crecimiento personal. Se esfuerzan poco por obtener resultados materiales. Con frecuencia, la recompensa en términos de beneficios es poco proporcionada respecto al esfuerzo.

Para algunos, la recompensa carece de importancia y para otros se trata de un asunto de clamar justicia. El esfuerzo de cambio ocurre a nivel individual como detonante para la realización, lo que implica conductas de renuncia, ayuno y abstinencia. Son capaces de renunciar a lo material para alcanzar su realización.

Los siguientes son indicadores de conductas del tipo soñador:

1. **Necesidad de realización:** Dada la necesidad de aprecio que tiene este individuo hacia sí mismo, debe sentir que trabaja en aquello que le da crecimiento y reconocimiento. Su sed de realización lo lleva a participar en tareas que favorecen tanto la identificación como el perfeccionamiento de sus atributos.
2. **Libertad de realización**: Reclama su derecho de

realización y pone a prueba su inspiración y creatividad, ya que se enorgullece del logro mediante sus propios medios. Necesita libertad para realizarse a fin de garantizar que esto es producto de su inspiración y no del plan de otros.

3. **Acción trascendental**: Se mueve de acuerdo a su inspiración y ajeno a la influencia de los planes de otros, lo cual lo lleva a actuar de forma trascendental. Su propósito es hacer una contribución genuina e inédita que lo hace sentir orgulloso.
4. **Confianza implícita**: La realización según la inspiración personal requiere una confianza implícita y especial. Es una que otros reconocen y emerge por sí sola.
5. **Evolución inherente**: El reconocimiento del crecimiento propio es la principal fuente de energía del tipo soñador. Necesita evolucionar de forma inherente respecto a todo aquello que aspira.

Tipo Emprendedor - Cuando existe una expectativa a corto plazo junto a una necesidad de logro alta, surge una posición existencial que proyecta un interés importante en los beneficios inmediatos que se desprenden de la realización. La aspiración de grandes beneficios a corto plazo es propia de este tipo de individuo que tiene un gran amor propio y es muy seguro de sí mismo. Realiza un enorme esfuerzo y es compensado con el beneficio. Posee una gran capacidad para asumir riesgos y no teme sobrepasar cualquier límite —físico, mental, nervioso, económico, de espacio, de logística, etc.—. Es percibido como bravo, fuerte y combativo. No descansa hasta ver el fruto de lo invertido para alcanzar la meta.

Además, los del tipo emprendedor generan altos beneficios para la organización a la que pertenecen y para sí mismos. Por esta razón, revisan de forma continua los indicadores de rendimiento y hacen los ajustes necesarios sobre la marcha para garantizar su esfuerzo. Actúan con fuerza y rapidez. Consideran que el tiempo se acaba pronto y probablemente en su mente transcurre más rápido de lo real. Esto se traduce en un sentido de urgencia que los motiva a concluir el proceso en curso con prontitud. Para ellos, el rendimiento y la duración prevalece sobre el proceso en sí. Creen que lo perfecto es enemigo de lo bueno; en este sentido, pueden sacrificar perfección por oportunidad. Se destacan por su destreza en la toma de decisión y ejecución correspondiente sin demora.

Los emprendedores gozan de una evidente capacidad para generar beneficios y son poco tolerantes con aquellos que dificultan esto. Incluso, se hacen de temer. En comparación con los conservadores, se identifican con el beneficio obtenido de haber concluido el proceso. Por esta razón, aceleran los acontecimientos y simplifican la realización de su obra. Favorecen todo lo que implique economizar. Mediante cambios, cuestionamientos, eliminaciones, sustituciones, simplificaciones y rediseños optimizan los procesos. De este modo, el esfuerzo de cambio está sujeto a la optimización del rendimiento del proceso de realización.

Los siguientes son indicadores de conductas del tipo emprendedor:

1. *Condiciones definidas*: En vista de su alta necesidad de logro y gran sentido de urgencia, busca actuar mediante parámetros propios para así determinar lo que el esfuerzo requiere. Necesita definir los procesos

que conducen a la realización.
2. ***Áreas de influencia delimitadas***: Dada su alta necesidad de logro, debe asegurar el ejercicio de la autoridad mediante la delimitación de áreas de influencia. Necesita un territorio donde su voluntad sea lo que impere. Para él, es importante.
3. ***Claridad de impacto***: El nivel de ambición de este individuo lo lleva a escenarios donde la realización es incuestionable. En este sentido, surge la claridad del impacto del esfuerzo. Necesita saber los beneficios para así determinar lo que debe invertir.
4. ***Valoración del rendimiento***: En su fruición por los beneficios buscados, la evaluación del rendimiento de los recursos —materiales, económicos o humanos— es una necesidad orgánica. En base a esto, toma acciones remediales para garantizar el beneficio.
5. ***Toma de beneficios***: La naturaleza concreta de este individuo aunado a su necesidad de logro lo obligan a garantizar la toma de beneficios. En su filosofía de vida, esto simboliza la misión cumplida y debe culminar con el ritual de la materialización de los beneficios.

Tipo Visionario - En la arena donde se conjugan las expectativas a largo plazo con una alta necesidad de logro, se encuentra el visionario, que es aquel que desea obtener trascendencia junto a un beneficio. Este tipo de individuo se caracteriza por tener metas altas respecto a su realización personal. Sabe que los grandes desafíos requieren tiempo. También, que exigen esfuerzo evolutivo debido a las modificaciones que pudieran sufrir las metas y escenarios definidos.

Conscientes de que todo cambia en el tiempo, los visionarios saben que los procesos deben ser replanteados de forma gradual o radical para ajustarse al ritmo de realización. Las grandes obras están compuestas por series de hechos. Por consiguiente, se deben desglosar el conjunto de eventos, recursos, riesgos, obstáculos y ventajas para componer una partitura capaz de enlazar los elementos clave de realización.

Durante el proceso de realización, tanto el visionario como quienes lo rodean crecen y maduran. Se traduce en sabiduría para las personas y transformación en los procesos. Desde el inicio, se trata de un reto particular e inédito que seguro rebasa toda previsión de recursos. Es así como el conocimiento se transforma durante el proceso. Los conceptos no son suficientes para describir los fenómenos emergentes, ya que evolucionan tanto que ni el conocimiento ni la experiencia disponibles son suficientes para explicar los estados parciales de logro. El progreso de este tipo de individuo resulta complejo y retador.

Como consecuencia de lo anterior, las facultades personales y los procesos inherentes a la realización cambian de forma exponencial. El visionario consume una gran cantidad de energía y recursos; por consiguiente, debe motivarse mediante su involucramiento en una situación que requiere de potencias tanto físicas como espirituales.

Los siguientes son indicadores de conductas del tipo visionario:

1. ***Acuerdo de compromisos:*** En vista del curso natural y común de las metas del visionario, el acuerdo de

compromisos es necesario para la realización. Se debe dedicar tiempo para involucrar a aquellos que conforman el plan en la toma de decisiones.

2. **Asunción de metas**: Este tipo de individuo alcanza de forma incondicional las grandes metas de realización. La aceptación de las metas funge como elemento motriz de la acción del realizador y la gente involucrada.

3. **Condiciones de continuidad**: La fuerza de la aspiración propia le hace suponer a este individuo que no hay motivo que impida el esfuerzo para obtener la meta a largo plazo. Trabaja de forma ardua para garantizar continuidad en el alcance de las metas de realización.

4. **Mecanismos de optimización**: El impacto que tiene el desafío lo lleva a innovar e intentar cambios desconocidos. Este proceso de avance lo obliga a mantener una serie de mecanismos de optimización tanto a nivel del método personal de trabajo como de aquellos que conducen a las metas. De este modo, la optimización aumenta conforme se avanza.

5. **Reproducción de instancias de éxito**: El aprendizaje continuo del desafío y la oportunidad probada de expandir el conocimiento lo lleva a reproducir las instancias de éxito como un recurso de energía que alimenta los procesos en curso.

En vista de lo anterior, el origen de la conducta se encuentra en la posición que se asume ante el futuro, y que hemos denominado como posición existencial. Esto quiere decir que la actitud proveniente de la posición ante el porvenir se manifiesta en el mundo real. Cuando dicha actitud corresponde con la naturaleza de la situación, la alineación entre esta y la posición existencial es posible. De esto, se desprende una serie de condiciones favorables para la realización personal. Por lo tanto, esta visión sugiere dar un sentido de futuro respecto a la búsqueda de realización del proyecto de vida.

Sección 2 de la 4D: *Quántum* personal y la energía enfocada para el logro de la misión

El campo magnético del ahora —con su extensión e intensidad— equivale a la turbina generadora del tiempo, que es capaz de desarrollar tanta potencia como fuerte sea. Para propósitos educativos, resulta conveniente asignar un nombre a este campo, pues así se facilita la conceptualización y el trabajo individual para la toma de consciencia y las acciones procedentes en la adquisición de una nueva posición existencial. Por consiguiente, proponemos llamarlo *quántum*.

Mientras mayor sea la capacidad para vivir el ahora, mayor será el *quántum* y, en consecuencia, mayor será la capacidad para convertir el tiempo en la obra personal y sus representaciones. A temprana edad, el *quántum* es accidental y circunstancial. Solo en casos muy específicos, el individuo comprometido con sus convicciones y proyecto personal será capaz de revisar, replantear, nutrir y estimular sus componentes. Los componentes esenciales del quántum son:

1. Consciencia de la capacidad propia: Certeza sobre las limitaciones.
2. Objetividad acerca de la situación y el entorno.
3. El clima ontológico: Ambiente creado mediante el contacto del ánimo individual con el colectivo.
4. El nivel de ambición: Los límites de la conformidad.
5. El nivel de compromiso: ¿Qué estoy dispuesto a dar a cambio?

6. Posición existencial: ¿Qué espero de mí?
7. El ímpetu: Resolución, arrojo y avidez de logro.
8. La voluntad

La dirección del *quántum* tiene una gama infinita de posibilidades que bien puede representarse como un 360°, es decir, una revolución proyectada en volumen en lugar de un solo plano.

Por su singularidad, el ser humano es capaz de proyectar su búsqueda en múltiples direcciones y así ubicar el eje de su flecha del tiempo. Con rigor filosófico se ha establecido que la dirección del tiempo es arriba y adelante, y debemos aceptarlo así. No obstante, es evidente que existe una gama infinita de posibilidades para establecer el rumbo.

Como ya señalamos anteriormente, la inconformidad con el presente es lo que motiva al hombre a emprender su búsqueda, y la voluntad es el recurso más fiable para hacerlo. En este capítulo, sugerimos una fórmula mediante la cual se puede trabajar la capacidad de realización, es decir, convertir el futuro en presente.

Dicha fórmula empieza con la decisión personal de hacerse cargo del porvenir propio. Quizás esto puede ser el tamiz más cerrado para los lectores, porque exige hacer a un lado las circunstancias como elemento de influencia en el futuro. En la actualidad, muchos atribuyen su falta de éxito a eventualidades tales como la ineficacia del gobierno, la crisis económica, el modelo neoliberal, la izquierda, la derecha, la guerrilla, el clero, la globalización, la incertidumbre, las pandemias, etc.

Para acrecentar el *quántum*, se deben reunir ciertas condiciones cruciales, pues cada una de ellas determina la posibilidad de alcanzar un nuevo estado de vida y posición existencial. La primera y fundamental se refiere a asumir la responsabilidad sobre el porvenir propio, lo que exime a las circunstancias de responsabilidad alguna. Esta es la cuarta dimensión del comportamiento.

La primera condición consiste en aceptar el impulso personal que hace estar o no estar al individuo en una situación específica. Como sabemos, las tres dimensiones del comportamiento —orientación hacia la tarea, las relaciones y la realidad— operan una vez en la situación mientras que la cuarta dimensión lo hace a manera de la fuerza centrípeta que impulsa a integrar la situación vivida al proyecto propio, al futuro.

En este sentido, la situación vivida hace las veces de fuerza centrífuga que impulsa al sujeto a la realidad hasta un punto de equilibrio determinado por la fuerza centrípeta del proyecto personal. Las necesidades de esa realidad se satisfacen mediante las tres dimensiones, y la cuarta permite la proyección en otras realidades que se adapten al proyecto de vida. También, permite modificar dicho evento a fin de acercarlo a la esfera de la obra personal.

La segunda condición consiste en reconocer y aceptar la capacidad natural de cambio, madurez y creación del hombre. Al hacer esto, se asume la responsabilidad de trabajar en cada uno de estos procesos a nivel personal y circunstancial.

La tercera y última condición es aceptar que la educación que la mayoría recibió no beneficia el desarrollo de la consciencia y sus facultades inherentes. Por consiguiente, se ha de reeducar a nivel individual y colectivo a las personas para facilitar el proceso personal.

Una vez cumplidas estas condiciones, se inicia el trabajo para fortalecer el quántum mediante la mejora de cada atributo del ahora, que son los siguientes ocho:

1. Consciencia de la capacidad y limitaciones propias: A mayor certeza sobre aquello que uno no es capaz, más potente será el *quántum* personal. Por consiguiente, es muy valioso conocer las áreas de vulnerabilidad. La educación recibida y el culto a la autoimagen dificultan identificar los obstáculos que impiden el progreso. Solo se conoce la vulnerabilidad mediante la exigencia y la incapacidad de resolución. Para delimitar su alcance en este análisis, nos ajustamos a las facultades del liderazgo, es decir, a aquello que como líderes nos hace vulnerables, el tema central del presente libro.

Bajo la premisa de que el liderazgo consiste en el arte y la ciencia para garantizar resultados a través de la influencia en otros, los siguientes factores —en orden de importancia— nos hacen vulnerables en este campo:

1. Falta de confiabilidad en la generación de resultados
2. Influencia limitada en otros
3. Una combinación de los factores anteriores

Entre los motivos, se encuentra la gran diversidad. Sin embargo, la baja efectividad gerencial es el común denominador. Como líderes profesionales, muchas veces lidiamos con situaciones cuya construcción es ajena a nosotros y cuyos participantes fueron elegidos por terceros. Además, debemos desempeñar tareas establecidas por extraños a la posición. En el mejor de los casos, si estuvieron vinculados a la descripción del puesto, fue hace mucho tiempo, lo que hace que sea obsoleta. Bajo este escenario, las siguientes causas son las que nos hacen vulnerables como líderes:

1. El puesto carece de la autoridad necesaria.
2. Falta de claridad organizacional - Se desconoce con precisión quién responde a qué.
3. Elementos dominantes en la situación que no corresponden.
4. Gran protagonismo del superior.
5. Burocracia excesiva.
6. Objetivos de la posición no realistas.
7. Falta de competencia técnica de los integrantes, bien sea el líder, el superior, los subordinados o colegas.
8. Falta de capacidad de gestión de los integrantes del equipo.

Sin lugar a dudas, la falta de consciencia sobre la vulnerabilidad propia en esta circunstancia es la primera causa.

2. Objetividad acerca de la situación y el entorno

- La actividad para obtener claridad acerca del papel a desempeñar en la situación actual, es decir, el componente de objetividad, actúa también como refuerzo del quántum. Es importante dotar al interesado de la seguridad necesaria para controlar su situación y las circundantes, lo cual sucede cuando conoce con precisión la diferencia de potencial entre aquello que es capaz de aportar y lo que una situación gerencial exige. De este modo, el líder establece los términos sobre los que basa su influencia para ejercer la dirección apropiada e impulsa los cambios convenientes. Esto se denomina como punto de control de la situación. Dada la importancia que tiene esto para garantizar el logro de resultados a través del esfuerzo de otros, el punto de control permite establecer: 1) los resultados clave que se deben producir en esa situación; 2) las tareas clave que a ser promovidas; 3) las condiciones ambientales que se deben producir; 4) las relaciones interpersonales a prevalecer; 5) los recursos críticos de la situación; y 6) los puntos de medición para verificar el progreso.

Cuando el líder domina el punto de control de la situación es capaz de integrarse al proceso de resultados y de actuar intuitivamente. Justo en este punto, ocurre la duración gerencial, el proceso mediante el cual el líder cambia a cada instante para madurar y sustentar su obra con la creación continua. Se concretan de forma sucesiva las etapas del plan con intervalos caracterizados por la naturalidad con la que ocurren los eventos.

A cada instante se genera un nuevo estado conforme a la expectativa del líder. La objetividad que tiene acerca de su situación gerencial le agrega potencia al quántum. Cada dato acerca de los elementos de la situación y de cómo incide esta en aquellas que le rodean aumentan el dominio en el proceso de transformación del futuro en el presente. De este modo, el ahora se intensifica y el quántum se vuelve más poderoso.

Como es evidente, cada éxito situacional repercute en la dinámica de la organización. Por consiguiente, mientras mayor sea el éxito, mayor es la influencia a ejercer. Aquellos líderes que viven la dimensión 4D se distinguen por marcar tendencia en la organización debido a su capacidad de influencia en varias situaciones.

3. El clima ontológico - Cada quien tiene su propia ciencia. El clima ontológico se refiere a la atmósfera que rodea a la ciencia de la vida personal. Cada evento de vida requiere condiciones ambientales y orgánicas ad hoc para que los diferentes procesos de la escala evolutiva cristalicen. Por

Management Tomorrow

ejemplo, la humedad, la temperatura y la presión atmosférica son algunas de las variables ambientales que influyen en el proceso vegetal. Las moléculas de sustancias que se combinan son ejemplos de las condiciones orgánicas. De igual forma, el propio proceso de realización personal exige requisitos ambientales y orgánicos apropiados que estimulen la evolución. Cuando se cumplen, el progreso es inevitable tal como una semilla que con nutrientes, oxígeno y humedad germina por la fuerza propia de la vida.

Entre las condiciones ambientales que conforman el clima ontológico, se encuentran el estado de ánimo de otros que influye en la realización personal, la presión y el clima del entorno y por último, el estado de ánimo colectivo.

Para avanzar en el proceso de realización personal, se deben garantizar las condiciones ambientales apropiadas. El estado de ánimo personal varía por el efecto del biorritmo en el organismo humano. También, la tensión y el agotamiento influyen. Cuando el estado de ánimo coquetea con lo negativo, las expectativas individuales y del entorno varían Por lo tanto, la energía disminuye de forma inconsciente, lo que hace tanto que la persona como la voluntad dejen de progresar. En este punto, surge un mecanismo de defensa denominado adaptación negativa, que es una fuerza que conduce inevitablemente al deterioro. Esto ocurre cuando el ímpetu del individuo merma.

Se favorece el *quántum* personal con el cuidado del clima ontológico. Se le agrega potencia al conservar las condiciones del entorno y mediante un estado de ánimo objetivo, que permite además influir en el de los demás. Cada vez que una influencia negativa afecta el estado de ánimo, disminuye la potencia de la capacidad de evolución.

Para manejar las emociones negativas, se les debe prestar atención y esforzarse por atenderlas, ya que son inherentes a la condición humana. Es posible crear una cultura que nos permita hacerle frente por el bienestar propio. Viktor Frankl, sobreviviente del Holocausto y autor de *El hombre en búsqueda del sentido*, señaló: «El fin de la existencia consiste en darle un sentido al sufrimiento, en bien del mejoramiento de la vida».[90] **El mensaje aquí es que debemos dejar de poner resistencia a aquello que la vida nos presenta, pues necesitamos experimentarlo desde la aceptación.** Siempre habrá momentos en que nos veremos indefensos y abrumados, y esto es inevitable. No obstante, podemos aprender a drenar las emociones para fortalecer el *quántum*. Por ejemplo, «Estoy molesto ahora, pero no es suficiente para cambiar mi proyecto». Ayuda esperar a que las aguas vuelvan a su cauce. Cualquier pena o frustración no tiene la fuerza de la vida a menos que uno colabore para que sea así.

Por otro lado, las relaciones tóxicas pueden contaminar el estado de ánimo. El mundo está lleno de seres pusilánimes y pesimistas, que llegamos a tratar como si fueran personas saludables. Al hacer esto de forma indiscriminada, corremos el riesgo de adoptar pensamientos y sentimientos negativos sin estar conscientes de ello. Cuando uno se percata, se debe tomar distancia sin romper la relación ni cambiar la cualidad del sentimiento. La compañía de un pesimista afecta significativamente el rumbo del proyecto de vida.

Es válido preguntarse: «¿Qué hago si estoy en una situación deteriorada y crítica caracterizada por el lamento, la depresión y el desánimo?» El primer paso es reconocer la realidad, la crisis sin detener la actividad; más bien, significa que las oportunidades escasean, pero no desaparecen. De

---

[90] Viktor Frankl, «Man Search for Meaning», *Beacon Press*, 2006.

Management Tomorrow

modo que, se requiere destreza para abordar las situaciones más escasas. Mientras haya vida, hay movimiento, y cuando hay vida, la transformación ocurre. Por consiguiente, hay acción y esto implica oportunidades.

Para vencer el desánimo, se debe adoptar una actitud firme y decidida. Al hacer esto, se reconoce que mientras haya vida, hay tiempo, es decir, existe la fuerza para mover la capacidad de cambio, madurar y crear.

La vida sólo avanza si el ímpetu es progresivo. Cuando uno siente que no hay esperanza, el ímpetu declina y disminuye. Entonces, llega el momento que te prepara para claudicar.

En el proceso de realización personal, las condiciones ambientales que intervienen se mejoran mediante el buen cuidado de la salud, lo que implica la calidad de todo aquello que entra a nuestro ser: oxígeno, alimentos, ideas, imágenes, sonidos, sensaciones, emociones, deseos, estimulantes, fármacos, vitaminas, etc. También, se deben tomar en cuenta los hábitos que mejoran las facultades físico-atléticas.

Las condiciones orgánicas son otro elemento del clima ontológico que exige un trabajo acucioso. Se refieren al conjunto de factores que componen un proceso. Por ejemplo, el lanzamiento de un nuevo producto requiere de un mercado meta, volúmenes disponibles, estrategias de penetración de mercado y de difusión, sistemas de información, fuerza de ventas, logística así como el servicio al cliente. Para culminar este proceso con éxito, se necesita seguir un ritmo particular, compuesto de eventos e intervalos. Cada uno de ellos tiene una duración única que no se puede violentar tal como ocurre con la procreación en el vientre de una madre.

Cuando se conocen tanto los eventos como el ritmo que componen un proceso así y se dispone de lo necesario para que todos los componentes y hechos concurran en el espacio bajo la influencia de las condiciones ambientales, la realización es inevitable. El aseguramiento de los componentes y la facilitación del ritmo favorecen las condiciones orgánicas y el clima ontológico. En conclusión, se deben identificar los constituyentes, comprender el ritmo ontológico y asegurar las condiciones ambientales para hacer posible el proceso.

4. El nivel de ambición - Hemos tratado varios factores que fortalecen el quántum como recurso para aumentar la capacidad de realización personal y convertir el futuro en presente. En la literatura gerencial, esto se denomina necesidad de logro. Hay personas con una necesidad de logro alta y otras, limitada. Según indicó David McLelland en base a sus hallazgos: «En el medio empresarial, el éxito personal está directamente asociado con la necesidad de logro de las personas.»[91]

Una persona conforme se adapta a la situación presente y alcanza un nivel de confort y equilibrio, pero solo permanece así hasta que la propia situación lo expulsa o se vuelve incómoda. La conformidad revela básicamente la disposición del individuo para aceptar una serie de condiciones sin que le perturben, y es justo aquí punto donde cesa la ambición.

Cuando la persona entra en desequilibrio con las condiciones prevalecientes, se da origen a la búsqueda, se estimula la ambición y el deseo de satisfacerla. Los conocimientos y experiencias nuevas son factores que fomentan el desequilibrio. Por ejemplo, la forma de vida en un

---

[91] David McLelland, «The Achievement Motive», *Martino Fine Books*, 2015.

país puede despertar el deseo de conocerlo y la ambición de viajar, y en efecto, lograrlo.

El mantenimiento del statu quo y la pasividad conducen tanto al equilibrio como a la necesidad de logro nula o a un estado de satisfacción pleno. De ahí, la importancia de las experiencias de desarrollo y de aprendizaje como catalizadores de la inestabilidad. La consciencia de ser y el amor propio también pueden fungir como detonadores. El amor propio crece de forma regular tras cada experiencia exitosa mientras se minimiza tras los fracasos. Un plan de vuelo que conduzca al éxito resulta un buen aliado para mantenerlo a tono. Según el estado de la salud mental, los niveles de ambición tienen otra cualidad; así, las manías pueden conducirla hacia niveles desmedidos difíciles de satisfacer.

La necesidad de logro permite mantener el amor propio en un estado saludable. El nivel de ambición puede ser el resultado de frustraciones acumuladas ante un amor propio que no quiere doblegarse. También, puede ser el efecto del impulso inercial después de un triunfo importante.

Resulta difícil determinar el nivel adecuado de ambición de una persona. Sin embargo, parece fácil señalar que cada individuo se desempeña en función de su autoimagen. Como ya vimos, es muy probable que se trate de una imagen cien por ciento virtual. Si logra alinearla con la real, entonces el individuo se moverá hacia lo que le basta. «Tiene lo que quiere quien quiere lo que le basta», como una vez señaló Séneca.

5. *El nivel de compromiso* - La capacidad de

realización de una persona depende en gran medida del compromiso con sus metas. Cuando se tiene la convicción de que el estado deseado merece alcanzarse y se le busca como el oxígeno que respiramos, el logro se convierte en una función orgánica.

De alguna manera, el compromiso mide la capacidad de la persona para entregarse a la consecución de sus anhelos. En otras palabras, consiste en lo que se está dispuesto a dar a cambio para alcanzar el nuevo estado deseado.

Sabemos que hay personas que están dispuestas a dar su vida por una causa; otras son capaces de renunciar a su organización por la defensa de sus principios; y, también hay quienes no arriesgan nada para cambiar su estatus a pesar de lo humillados y reprimidos. Ante estos ejemplos, es irremediable asociar al compromiso con el coraje y la vergüenza. En este sentido, el compromiso es una manifestación de casta, coraje y entrega en favor de algo personal y que debo hacer mío. Para conseguirlo, debo traerlo del mundo virtual al real.

El compromiso puede ser visto como el arte de romper el amor platónico y convertirlo en real. Se requiere resolución, entrega y disposición para asumir riesgos. También coraje y determinación para pagar el precio. No admite medianías y se entrega en el monto necesario o no. Cuando uno se compromete a medias, la realización personal también lo es y hay mediocridad. Esto resulta más ofensivo cuando la persona dotada de virtudes empeña poco de su casta y, en consecuencia, obtiene poco, pero reniega de forma continua de su situación. Sin lugar a dudas, el compromiso es un asunto de vergüenza.

A mayor ambición, se necesita más compromiso. No obstante, es posible encontrar personas, incluso jóvenes o adolescentes, con una gran ambición pero sin compromiso. Esto pone en evidencia una cualidad incompleta y de muy baja capacidad de realización. La inmadurez desempeña un rol importante en el balance o equilibrio entre la ambición y el compromiso. Probablemente, este es el aspecto en el cual mejor se puede trabajar para fortalecer el *quántum* para revisar los montos y haciendo ajustes. Esto es un esfuerzo personal que demanda apertura y honestidad. En todo momento, uno debe preguntarse qué está dispuesto a dar a cambio del logro de las metas personales.

6. Posición existencial - Con seguridad, la pregunta más difícil de responder para cualquier ser humano es qué espera de sí mismo. Para ello, requiere consciencia y potencia su *quántum* cuando obtiene la respuesta. La posición existencial exige adoptar una actitud ante el porvenir, lo que equivale a establecer un eje de acción que le da sentido a la búsqueda.

La posición existencial proporciona un sentido al esfuerzo humano en el tiempo y hace legítimo el comportamiento. Mediante esta, el individuo es capaz de responder a dónde va y sabe qué hacer una vez que haya logrado ser efectivo. Comprende que el desafío no solo consiste en alcanzar la efectividad en la situación actual sino que también debe prepararse para enfrentar situaciones ulteriores. Debe influir en su futuro para que estas surjan.

Debido a la claridad que brinda respecto a la realización, la posición existencial hace posible concebir una secuencia de situaciones que las personas deben buscar y vivir para colmar su proyecto de realización. Tal como Henri Bergson señaló: «La vida es creación de un proyecto que te lleve a la realización, no simplemente la ejecución de un plan predeterminado.»

En términos de la historia de la humanidad, la razón de ser de las cosas obtuvo una explicación comprobable con el surgimiento del pensamiento científico y el concepto. A partir de entonces, todo lo palpable puede explicarse mediante el razonamiento y la ciencia. También, sucedió lo mismo con lo que se siente. Por consiguiente, se adoptó el concepto como el método para llegar a la realidad, el cual fue el aporte del pensamiento moderno. Una vez definido el concepto, se tomó el fenómeno y se compara con este. Es así como la realidad quedó sujeta al concepto.

Aunque el razonamiento amplió la capacidad de comprensión del individuo respecto a la realidad vivida, también lo limitó, ya que le quitó valor y reconocimiento a aquellos fenómenos que afectan el futuro pero no pueden ser comprobados de manera científica.

La razón le proporcionó certeza a la humanidad sobre el entorno, pero incertidumbre en cuanto al porvenir. Desde entonces, la comunidad científica ha pretendido predecir el futuro mediante los criterios de las ciencias duras, lo que ha brindado grandes avances. No obstante, este enfoque tiene una limitación de origen, pues reduce todo al ámbito de lo concreto a fin de ser comprobado. Hay fenómenos que no pueden ser explicados por medio de la razón y sí a través de las emociones y otras facultades de la percepción.

No todo lo que existe puede mirarse a través de la razón, ya que hay fenómenos que escapan a su comprensión. Por ejemplo, aquello que ocurre pero se desconoce el por qué cae en el terreno de lo metafísico, pues no tiene ninguna validez en los dominios de la ciencia. En este sentido, proponemos que toda realidad comprobada no cognoscible por la facultad de la razón pero aceptada y asumida debe considerarse como realidad intuida.

La intuición, la observación y la casualidad han sido el manantial del conocimiento de la ciencia. Es la intuición la que lleva a la sospecha, a la duda y a la curiosidad. Junto a la inteligencia, es el punto de apoyo de la filosofía moderna. Da origen a la vida creadora. Es difícil imaginar un estado deseado para la realización personal sin intuición.

La cuarta dimensión del comportamiento está representada por la intuición, ya que es la fuente inexplorada de saber que hace posible la creación, el cambio, la madurez y la creación del individuo en el tiempo. Para abordarla, debemos separarnos del espacio físico y concentrarnos en el ahora. El presente contiene la consciencia de ser, la inconformidad, el ímpetu vital y la fuerza de voluntad. Es justo aquí donde se inspira y se genera el tiempo de vida, se define la posición existencial y cada uno responde qué espera de sí mismo.

De manera semejante, cuando se le da sentido a la efectividad gerencial, es decir cuando se vincula con la realización personal, se le agrega otra dimensión.

Lo que diferencia a los seres humanos entre sí es la actitud ante el futuro y la acción inherente. Esta es la premisa de la cuarta dimensión. Cuando un individuo da curso a sus actos conforme a la influencia del porvenir, se incorpora a la dimensión del tiempo. Cuando se tiene una posición existencial, se acepta que la cuarta dimensión es viable. El desarrollo de esta dimensión implica darle futuro a la efectividad gerencial.

7. El ímpetu - ¿Qué hace al éxito sino el ímpetu que mueve al individuo en busca de su obra? Se trata de la misma energía de la vida: intensa, creadora, impetuosa al fin y al cabo, capaz de crear en aquello que toca. Brota de una fuente cuyo caudal es variable, aun cuando es el mismo para todos. Es variable porque nuestras inseguridades, dudas, manías y defectos bloquean el cuello del manantial. Estimula la necesidad de logro y la ambición. Por ella, la inconformidad con el presente es.

Como séptimo componente del *quántum*, el ímpetu, en razón de su esencia, se encuentra contenido en los demás elementos al mismo tiempo que este los contiene a todos.

El físico y matemático Hermann Minkowski, quien desarrolló la teoría geométrica de los números y contribuyó de forma significativa en la teoría de la relatividad, utiliza el ímpetu vital como factor clave para la creación de futuro. Dice Minkowski: [92]

> *Cuando pienso en una orientación dentro del tiempo, me siento irresistiblemente impulsado hacia adelante y veo que el futuro se abre delante de mí. Quiere decir que tiendo espontáneamente con todas mis fuerzas, con todo mi ser, hacia el futuro, realizando, así, toda la plenitud de vida que en general soy capaz desde este punto de vista.*

En el ímpetu vital, se crea el futuro, se genera la acción y se produce el encuentro con el objetivo deseado. Pero, esto no quiere decir que se nos entrega el porvenir de un todo, sino solo la parte a la que podemos acceder.

El ímpetu vital no cesa una vez que hemos alcanzado una meta. Cuando las metas comienzan a pertenecer al

---

[92] Hermann Minkowski, «Spacetime Physics», *Minkowski Institute Press*, 2020.

pasado, este se mantiene inmutable, en pos del futuro, renueva el esfuerzo, y siempre con la misma potencia recrea lo que está por venir. Es una fuente constante de energía que nace del plan vital.

Puede entenderse como la fuerza de la aspiración, de manera que cuando uno persigue una meta y la consigue el impulso se mantiene vivo, pues es una energía que nace de la fuerza del ser.

Como otras facultades ligadas a la conducta merece mantenimiento y resulta útil revisar de manera regular la actitud reciente respecto a una meta conseguida, con especial atención al estado de ánimo personal en comparación con el estado de ánimo colectivo, para asegurar la competitividad. Si la fuerza de mi impulso es menor al del colectivo claramente estoy en desventaja y debo hacer algo para evitar perder el empuje hacia el progreso.

Cuando reconocemos que el único fin de la vida es crear y que estamos dotados con la energía necesaria, lo que nos corresponde es conducirla. La pérdida de confianza en nosotros mismos, por el desánimo colectivo, nos impulsa a adoptar actitudes que merman la fuerza del ímpetu. La ruta es hacerse cargo del propio desarrollo y evolución. Se trata de una tarea netamente individual como lo es la realización personal.

Como componente del *quántum*, el ímpetu desempeña un papel determinante, ya que es la expresión energética de la intuición. Sin la intuición, no se puede concebir la iniciativa para profundizar la experiencia humana. Es el propulsor que nos dirige hacia el encuentro con el futuro, la transformación inmaterial.

Contraria a la intuición, la inteligencia nos dirige hacia la transformación de lo material. Tal como afirmó Levesque, lo que la naturaleza separa, la inteligencia humana reúne; lo que la naturaleza reúne, la inteligencia humana lo separa.

Se necesita intuición e inteligencia para copar la realidad, pero los actos inteligentes deben estar regidos por la primera. Queda claro que toda iniciativa y las estrategias inherentes son una representación animada de la intuición así como también la táctica y la logística necesarias para culminar la iniciativa son una representación de la inteligencia.

La realización de la obra personal exige claridad de rumbo. Una vez definido el plan, se debe dejar salir la potencia de la capacidad propia después de haber alimentado el *quántum*, que es el centro propulsor.

8. La voluntad - La voluntad es la aptitud de decidir y ordenar la propia conducta. Es la propiedad que se expresa de forma consciente en el ser humano para realizar algo con la intención de un resultado. En física, la inercia es la propiedad general de la materia que establece el impulso de esta para iniciar un movimiento o para llegar a la inmovilidad. Tal fenómeno ocurre con las personas. De la voluntad depende tomar la iniciativa o mantenerse pasivo. En otras palabras, viene a ser el disparador del movimiento o de la inacción para lograr un propósito. Reemplaza la carencia de algunos atributos físicos cuando funge como determinación para iniciar una causa. Por ejemplo, hay personas con extremidades amputadas que participan en competencias físico-atléticas a base de prótesis. Al parecer es una fuerza que va más allá de lo imaginable. Gracias a que la voluntad puede fortalecerse como un músculo, el *quántum* es vigoroso.

Management Tomorrow

Hemos podido sintetizar todos estos conceptos en la siguiente imagen:

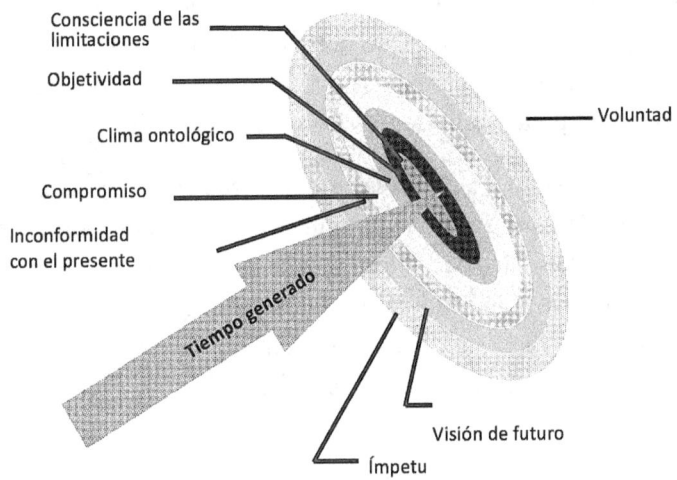

Sección 3 de la 4D: Áreas de realización para la declaración de la misión personal de vida en base a resultados

Peter Drucker señala en su libro *The Effective Executive* que la materialización de resultados se mide para aprender a mejorar. Mediante este aprendizaje, se obtienen datos que sirven para tomar decisiones objetivas de la realidad.[93] Este es el fundamento para establecer las áreas de realización.

Se define como áreas de realización a los estados deseados de una persona durante el proceso de realización personal. Por su naturaleza, son puntos terminales o culminantes de la búsqueda en un campo específico, y como tal, lo más lógico es que se expresen en términos de resultados. De este modo, su ocurrencia es verificable mediante hechos.

Es necesario identificar con precisión el campo de realización personal, es decir la materia de la vocación y la forma en que el individuo se entrega a ella. Tanto la vocación como la forma son elementos esenciales.

Como resulta evidente, se le ha otorgado al trabajo el carácter de condición *sine qua non* como camino para la realización personal. Esto es así por la fórmula en física que establece que toda fuerza aplicada en una distancia genera trabajo. De modo que toda fuerza que el ser humano realiza en el espacio produce un esfuerzo. Se cree imposible la realización personal a través del ocio o sin trabajo de por medio. El premio Nobel, Boris Pastenak afirmaba: «Trabajar es descubrir lo que

---

[93] Peter Drucker, «The Effective Executive», *Harper Collins*, 1967.

uno lleva dentro».[94] Muchas almas han alcanzado su realización personal con tan solo descubrir su esencia. En un extremo se encuentra el desarrollo espiritual, en donde la realización personal ocurre en el interior, de manera silenciosa y, al menos en apariencia, no hay esfuerzo visible. Este caso cae en la categoría de trabajo con sentimientos.

Los niveles a continuación permiten clasificar las ideas en cuanto a la inclinación vocacional:

Primer nivel
- Trabajar con cosas y bienes.
- Trabajar con personas.
- Trabajar con sentimientos.
- Trabajar con ideas y datos.

Segundo nivel
- Trabajar con cantidad de cosas y bienes.
- Trabajar con organizaciones.
- Trabajar con sentimientos de grupos.
- Trabajar con sistemas de ideas y datos.

Tercer nivel
- Trabajar en la transformación de cosas y bienes.
- Trabajar con grupos de organizaciones.
- Trabajar con sentimientos de organizaciones.
- Trabajar con corrientes de ideas y datos.

Cuarto nivel
- Trabajar en la generación de cosas y bienes.
- Trabajar con una o más naciones.
- Trabajar con el sentimiento colectivo.
- Trabajar en la creación de conocimiento de datos.

---

[94] Boris Pastenak, «Safe Conduct: An Autobiography and Other Writings», *New Directions*, 2009.

Del primero al cuarto nivel de actividad humana, hay un aumento gradual en la complejidad. Se evidencia la tendencia de la persona, en línea con su vocación de progreso, de avanzar del primero al cuarto nivel. La forma está conectada con la capacidad de expresión personal, la cual está representada por uno de los mejores atributos del individuo en su relación con el mundo que le rodea. Por ejemplo, unos tienen una notable capacidad de oratoria, otros se destacan en relaciones humanas, en administración, en negociación, etc.

Como ejemplo, en el terreno del trabajo con ideas y datos, tomemos el caso de una persona que encuentra soluciones en las ideas de otros y decide ofrecer sus servicios de implementación de soluciones como es el caso de un asesor técnico. Por lo tanto, el éxito depende de su destreza para usar las ideas y comunicar las soluciones. Un área de realización asociada a esta actividad es el nivel de competencia en el campo de especialidad, y se mide en términos de porcentaje de casos resueltos. Otra área es el liderazgo en la especialidad con el número de casos importantes resueltos, la participación relativa en el mercado de la especialidad, etc. como indicadores de medida.

Otra área de realización adicional para esta actividad es la *expansión del ámbito de influencia*, y se mide a través de un indicador que marque la tendencia de la población beneficiada con las ideas. Otro ejemplo en este mismo campo de actividad es el caso de quien trabaja con datos, ya sean demográficos, noticiosos, contables, financieros, estadísticos, médicos, mercadotécnicos, etc. y la destreza de expresión se ubica en el campo de la documentación. En este ejemplo, las áreas de realización son la *confiabilidad de los datos documentados*, que se mide con el número de decisiones acertadas derivadas de esos datos; los *usuarios de los datos documentados* medidos con el número absoluto de abonados a esos datos; y la *amplitud del campo cubierto por la información documentada*, que se mide a través del número de actividades cubiertas por los datos.

En cuanto al segundo nivel de actividad, el trabajo con los sentimientos de grupos es un buen ejemplo. Si a esta actividad se agrega la literatura como capacidad de expresión, las posibles siguientes áreas de realización son las siguientes: el *tamaño del plantel de lectores,* que se mide a través del número de libros o ejemplares en circulación; la *difusión de la obra literaria,* que se mide por el número de traducciones a diferentes lenguas; el *reconocimiento de la crítica especializada,* que se mide a través del número de menciones, preseas, distinciones, etc.; y los *beneficios por regalías,* medidos en pesos o dólares por título.

Un ejemplo para el tercer nivel de actividad es el del trabajo con grupos de organizaciones lucrativas con la destreza de expresión-dirección. Una primera área de realización es el *crecimiento de la iniciativa* con medidores como el aumento del activo fijo y en el volumen de negocio. Una segunda área de realización es la *globalización de las operaciones,* que se mide con indicadores como red de países con nuestra presencia y sectores de mercado internacional cubiertos. Otra área de realización es la *bursatilidad en mercados internacionales,* que se mide a través del monto de las emisiones colocadas, índice de demanda, tendencia del mercado accionario, etc.; y una última área de realización es la de *empleos generados,* medida mediante nuevas plazas por año, aumento de la derrama en sueldos y prestaciones, exportación de talento, etc.

A estas áreas de realización ilustradas para diferentes

campos de actividad se le añaden los estados comúnmente deseados en el campo de la calidad de vida como:

Áreas de realización:	Medición:
Seguridad patrimonial:	$ ahorros / ($ gasto anual) x (N.º años de vida)
Salud familiar:	Índice de morbilidad
Oportunidades de desarrollo:	N.º de cursos realizados por año vinculados a un interés personal
Ocio recreativo:	N.º de viajes por año
Salud social:	N.º de horas dedicadas a obras sociales
Participación ciudadana:	N.º de acciones cívicas
Equilibrio ecológico	Emisiones de carbón de la familia

En conjunto, las áreas de realización deben reflejar los estados que, una vez alcanzados, conforman la obra de vida del individuo. Para su elaboración, se sugiere un método de conceptualización análogo al de las áreas de efectividad. Además, se recomienda un procedimiento que consiste en: 1) definir el campo de actividad con el que la vocación mejor corresponde; 2) identificar la destreza de expresión predominante; 3) establecer los propósitos de realización respecto a la vocación en términos de resultados; 4) asegurar que los resultados estén dentro del ámbito de influencia del interesado, pues está dotado de los conocimientos, las habilidades, el poder y los recursos necesarios.

La descripción de las áreas de realización requiere una mentalidad orientada a resultados. Para un porvenir saludable, deben alinearse con las áreas de efectividad. De lo contrario, el individuo corre el riesgo de realizar su trabajo de manera mecánica sin conexión alguna con sus motivos de realización.

Aquel que tenga una expectativa clara acerca de futuro y exprese su contribución en áreas de realización contará con un proyecto de vida. Jeffrey Pfeffer, uno de los profesores más reconocidos de la Universidad de Stanford, escribió en su libro *Leadership BS* que nuestra realidad trasciende si:[95]

- Medimos nuestro actuar y nos responsabilizamos por los resultados que producen nuestras acciones.
- Sabemos reconocer las diferencias entre nosotros mismos.
- Utilizamos métodos probados para facilitar esto.

Según Jim Collins de *Good to Great*, lo anterior se consigue a través de un proceso caracterizado por la disciplina,[96] tal como lo es nuestro modelo. El reconocimiento y la aceptación de las diferencias es un elemento central de la quinta dimensión y el camino hacia la felicidad de un ser humano.

---

[95] Jeffrey Pfeffer, «Leadership BS», *Harper Collins*, 2015.
[96] Jim Collins, «Good to Great», *Harper Collins*, 2001.

Para ejemplificar esto, compartiremos nuestras áreas de realización:

Alejandro Serralde Sr.	Alejandro Serralde Jr.
Liderazgo en consultoría	Estabilidad de mi pareja
Reconocimiento autoral	Salud competitiva
Fuerza de innovación	Diversificación patrimonial
Cultivo de la salud	Bursatilidad del conocimiento
Aseguramiento del patrimonio	Crecimiento territorial de mi influencia
Claridad y seguridad en la relación sentimental	Competencias para segunda carrera
Confort, seguridad y disfrute de la vida	Ocio productivo

En este ejemplo, se evidencia como padre e hijo con una misma profesión tenemos una filosofía totalmente distinta. Nos llevamos una diferencia de cuarenta años de edad. Posiblemente, elaboramos estas áreas de realización durante la misma época de nuestras vidas. Si bien nuestras prioridades son diferentes, la libertad ante nuestros prejuicios nos han hecho respetarnos de forma mutua.

Management Tomorrow

Algunas de las características de las personas que viven la cuarta dimensión:

Fortalezas	Debilidades
Intuitivo	Excesivamente comprensivo
Contextualista	Poca eficaz en la ejecución
Identifica diferencias del ser en varios ángulos	Idealista
	Muy elevado en la forma de ver el mundo
Flexible frente diversas posturas	Demasiado incluyente
Consciencia de sus propias capacidades	Colectivista
	Dificultad para mirar lo simple
Certidumbre de sus propias limitaciones	Empedernido en su proyecto y desapegado de los resultados organizacionales
Reta de forma continua su posición existencial	
Transforma los impactos hacia un propósito	

Se denomina como *quántum* a la energía enfocada en el logro de la misión propia. Viene acompañado por la aceptación de la posición existencial y respaldado por la claridad en las áreas de realización. Esto se hace evidente con facilidad en atletas de alto rendimiento que han podido conquistarlo todo. Algunos de ellos provienen de hogares con muchas carencias, y una gran necesidad ha fungido como combustible de su energía. Lo mismo sucede con muchos pintores, escultores, músicos y artistas. Desde temprana edad, encontraron un propósito —sin importar el resultado obtenido—, lograron satisfacerlo y dejaron un legado.

Sin lugar a dudas, Luciano Pavarotti, a quien la humanidad le debe tributo por sus canciones y es considerado el tenor más aclamado, vivió a plenitud la 4D. A lo largo de su vida, recorrió el mundo, y su voz llegó a todas las generaciones posibles. Volvió accesible la ópera para las personas sin importar su nivel socioeconómico y fusionó el género clásico con otros para poder llegar a una mayor audiencia. En su caso, el *quántum* estuvo cargado de energía positiva. Cuando dejó la cátedra y se convirtió en cantante de ópera, es probable que estuviera consciente de que esta profesión no le generaría riqueza alguna así como tampoco sería maestro ni tenor. Sus expectativas de logro eran entonces a largo plazo. Definitivamente, se veía como soñador.

En la película de Ron Howard, entrevistaron a la exesposa de Pavarotti, Adua Veroni, quien se refiere al tenor como una persona que veía la vida en colores.[97] Este comentario demuestra su perspectiva positiva ante la vida. Sin importar las calamidades, a él le gustaba ver a la gente feliz y buscaba la forma de contentarlos.

Cuando Pavarotti identificó su misión en la vida, dejó a un lado su carrera como profesor para entregarse a la música. Se dio cuenta de que a través de su talento podía llegar a una audiencia mayor que la conocedora del género clásico. Por consiguiente, incluyó música popular. Una vez que logró ser efectivo en su profesión, lo fue también al ayudar a millones de personas a través de su proyecto humanitario. La realización de su obra se reflejó en el impacto de sus conciertos a favor de la paz.

---

[97] Ron Howard, «Pavarotti», Amazon 2019.

Recursos disponibles

Para saber más sobre tu nivel de *quántum*, te obsequiamos un cuestionario. Envía un correo electrónico a info@reddinassessments.com y coloca en el título «*Quántum Management Tomorrow*».

5

La energía para la plenitud del ser: Libertad (*5D*)

> «Hay obras que permanecen en el espacio, otras que perduran en el tiempo y unas lo hacen tanto en el tiempo como en el espacio»
>
> **ALEJANDRO SERRALDE**

Hasta ahora, hemos resumido nuestra visión de la evolución del ser humano en cuatro dimensiones. ¿Qué nos hace falta? La quinta dimensión comprende un estado libre de prejuicios y dolores que conducen al individuo al sufrimiento. Los budistas llamarían esto nirvana.

Aun cuando parece que el camino de las dimensiones son ascendentes, las cosas no siempre suceden así. Supongamos que el individuo trasciende su propia supervivencia (1D); elige un buen camino que le permite progresar (2D); desarrolla consciencia de impacto para mejorar su efectividad (3D); crea su propio tiempo para trascender (4D); entonces, ¿cómo conquista la quinta dimensión?

Si bien el camino evolutivo de las dimensiones parece ser un ascensor, en ocasiones puede ser diferente y opuesto. El camino de nuestra propia evolución es un excelente ejemplo de esto. A principios de la década de los setenta, Alejandro padre aceptó representar a W.J. Reddin en México; él le preguntó a Reddin: «¿Cómo puedo proyectar mi trascendencia como consultor en los próximos cincuenta años?». A lo que Bill Reddin respondió: «La sobrevivencia será tu gran misión».

«Cuando tuve esta conversación con mi hijo cuarenta años después, él me cuestionó y me preguntó por qué había dedicado mi vida a esto a pesar de lo que me habían advertido. Cincuenta años después, comprendí que los ciclos de la vida nos colocan en distintas etapas que debemos enfrentar con absoluta flexibilidad».

Hoy a mis ochenta años, me he flexibilizado de forma multidimensional y me resguardé de la actividad consultiva ante una de las crisis más severas que he tenido. Mi necesidad es sobrevivir. Las demandas dimensionales me obligaron a renunciar a mi propia realización como consultor y como presidente de una firma que me ha costado la vida para anteponer mi salud. Este ha sido uno de mis retos más difíciles. Desde joven, mi trabajo ha sido una fuente importante de realización. Retirarme sin apego y centrarme en mí es quizás el mayor ejercicio de flexibilidad que he experimentado.

Mis hijos, quienes tienen la mitad de mi edad y trabajan conmigo, han sido tan individualistas como yo y se han enfocado en sobrevivir. Hicieron caso omiso a la acepción de oportunidad que conforma la palabra *crisis* en chino. No encontraron oportunidades en los mercados accionarios para hacer fortuna. Quizás algunos de sus amigos sí lo hicieron. Ambos tienen la capacidad e ingenio; sin embargo, siguieron mis pasos y se han enfocado en cuidar de sus propias familias.

En ocasiones, tenemos estas conversaciones y visualizamos las diferentes opciones que pudimos haber tenido. Cada uno eligió con desapego dar prioridad a lo mismo. Cincuenta años después, el comentario de W.J. Reddin fue una profecía cumplida. Detrás de nuestras decisiones, hubo libertad de concepto y acción así como paz interior.

Creación energética

Somos capaces de generar el tiempo que necesitamos cuando aplicamos el conocimiento y la pasión en la búsqueda de nuestra realización personal. Al hacerlo, conseguimos toda la energía que se requiere, siempre que nuestra entrega establezca una referencia por la singularidad de la contribución.

En el estudio de la energía, particularmente en la termodinámica, se conoce que hay una función que mide la pérdida de capacidad de esta para producir un trabajo útil. Se considera la entropía como la medida del desorden de un sistema de energía.

Si se le otorga la connotación de sistema de energía a una organización humana, entonces el término se aplica de forma adecuada. Cuando no hay orden ni homogeneidad, hay una pérdida irreversible de energía humana.

Al avanzar desde la primera hasta la quinta dimensión, el ser humano genera energía que va en oposición a la entropía, y esto es la mismísima manifestación de la sinergia, una fuerza surgida del liderazgo transversal que conjuga el conocimiento disponible para crear uno nuevo.

Para lograr este fenómeno en una organización, el individuo debe haber conjugado en su fuero interno experiencias, conocimientos y pasiones con la capacidad de razonamiento para edificar un nuevo plano de conocimiento que es superior a la simple suma de los conocimientos agregados. Es fruto de una multiplicación que ha de alcanzarse si se llega a un nivel de libertad interior en donde el miedo no habita, y lo que predomina es la audacia.

En la audacia, hay una representación de aquello que se denomina liderazgo de ruptura o turbulento. Este tipo de liderazgo necesita salir de lo convencional, de las formas, de las modas, de lo tradicional y de lo inercial para existir. Se requiere coraje para ir de lo conocido a lo desconocido con la seguridad de que se creará un nuevo y mejor enclave. Algo diferente y único que es una nueva referencia.

No se trata de invalidar lo conocido sino de dar un posicionamiento diferente al conocimiento que nos ha permitido navegar en varios planos. De cierto modo, las leyes de la física trascendieron el tiempo al convertirse en una nueva referencia. Pensemos en la idea del espacio curvo de Albert Einstein, que fue confirmada a principios del siglo pasado, y también en la propuesta de la física cuántica. Ambas

Management Tomorrow

constituyen nuevas expresiones del conocimiento para entender mejor nuestro cosmos.

Se trata de cuestionar el conocimiento para encontrar una nueva razón, una vía única para ir más allá de nuestras creencias. Un punto de partida es cuestionar aquello que sabemos sobre nosotros; un paso firme consiste en objetar la forma como aplicamos el conocimiento; y el análisis del alcance de nuestras expectativas implica ampliar el horizonte. Consiste en ir más allá de los límites propios. Henri Bergson afirmó: «El ser humano es la única criatura del universo que es capaz de sacar más de lo que contiene».

En nuestra opinión, se requiere otra forma de pensar para llegar a este estado. Edward De Bono desarrolló una propuesta que describe **«otra clase de pensamiento»**, es decir, aquel que no es ni lineal ni secuencial ni lógico. Explicó sus ideas en una entrevista para la revista *London Life*, donde señaló que era necesario desplazarse «lateralmente» para encontrar otros enfoques y alternativas. De allí, surgió la expresión de pensamiento lateral.[98] Con este tipo de razonamiento, el individuo se traslada hacia los lados para probar diferentes percepciones, conceptos y puntos de entrada. Se pueden utilizar diversos métodos, incluso la provocación, para salir de lo habitual. La sustitución de los animales de tiro por motores de combustión interna y la máquina de vapor son buenos ejemplos, ya que rompe con el patrón de pensamiento vertical. En su momento, quizás esto pareció una locura.

---

[98] Edward de Bono, «Lateral Thinking», *Harper Colophon*, 2015.

Management Tomorrow

La comunidad global se mueve bajo el impulso del pensamiento lógico así como del cuestionamiento del conocimiento y las expectativas. Es factible que esto sea percibido como amenazante o ilógico. Por esta razón, se recomienda el liderazgo de ruptura, que conlleva a la disminución del grupo de seguidores.

Bajo este marco, también se encuentra la propuesta de Gary Hamel, reconocido profesor de Harvard Business School. En *Liderando la revolución*, sugiere cuestionar aquello que una organización es capaz de realizar y plantea dar un salto radical mediante la innovación. Para iniciar esta revolución, primero se debe hacer una a nivel personal a través de los cambios necesarios que permitan establecer una nueva referencia. Consiste en la reingeniería de nosotros mismos a fin de hacernos libres.

Hamel cambió el planteamiento inicial del concepto de estrategia y fue más allá en el artículo *La estrategia como revolución*.[99] Realizó una crítica severa respecto a la carencia de nuevas ideas en las estrategias empresariales, pues tienden a seguir las normas ya establecidas. Además, advirtió que la escasez de recursos no es pretexto para la falta de innovación así como tampoco para buscar nuevas vías de desarrollo empresarial.

Según Hamel, la era de la digitalización ha creado fragmentación y discontinuidad. En este sentido, solo la innovación estratégica puede aportar el valor que necesita el mundo empresarial y organizacional. Sintetiza los puntos más

---

[99] Gary Hamel, «Leading the Revolution: How to Thrive in Turbulent Times by Making Innovation a Way of Life», *Plume*, 2002.

importantes en: (1) Incorporación de nuevas voces de liderazgo en la creación de estrategia; (2) establecimiento de nuevas relaciones horizontales; (3) búsqueda de nuevos enfoques y perspectivas; y (4) experimentación continua para conseguir un mayor aprendizaje en la empresa. Así mismo, propone la adopción de la innovación como forma de vida, y no simplemente como estrategia. En su más reciente trabajo, *Humocracy* resalta la importante misión de centralizar al ser humano en cualquier contexto en el que esté representada nuestra organización. No son ni los procesos, ni las estructuras, ni los métodos: son los humanos. Por tanto, se debe reemplazar la burocracia por humanocracia. [100]

Mediante estas ideas, se consigue la ruptura con cambios cotidianos que permiten vivir de forma diferente. Consiste en dejar de lado el apego a la disciplina básica, la especialidad y adoptar otros enfoques de pensamiento que permitan combinar premisas para valorar los hallazgos sin prejuicios. Incluso, estar abiertos a iniciativas, aunque parezcan ilógicas y hasta inverosímiles, probarlas y registrar su impacto.

Como señalamos, es un esfuerzo por cuestionar la misión individual, la forma de aplicar el conocimiento y la experiencia, los conceptos de progreso y realización personal hasta identificar la nueva forma de actuar. Este debe ser el primer acto de reinvención, es decir, una revolución de hábitos que incluya novedad en cuanto al repertorio de música, temas de lectura, combinaciones extrañas entre arte y ciencia, compañía de personas, actividades recreativas diametralmente opuestas a las usuales, aromas y sabores, manualidades,

---

[100] Gary Hamel, «Humanocracy: Creating Organizations as Amazing as the People Inside Them», *Harvard Business Press*, 2020.

jardinería, reinvención de espacios, escritura y relatos, filmación y fotografía, consejo y asesoría, retiro para la reflexión, crónica de la vida, valoración de los fracasos con una cuantificación precisa, reconocimiento de logros y revisión del legado.

Cuando el individuo se entrega a su misión, genera tiempo y crea así una nueva referencia. A su vez produce energía, lo que sin duda es un efecto visible de lo anterior que se materializa en fuerza vital, capacidad de empuje, compromiso de vida y expansión de la cuota de salud.

Mediante estudios realizados por la Organización Mundial de la Salud (OMS) sobre las comunidades más longevas del mundo, se identificaron la alimentación y actividad física como dos factores que influyen de forma decisiva en la vitalidad.[101] También, existen otros complementarios como el ambiente natural y el sociocultural, la genética, el sueño y el descanso.

En el capítulo 4, nos referimos al *quántum* personal como un recurso confiable para generar el tiempo necesario que nos permita alcanzar nuestro proyecto de vida mediante las áreas de realización. Hay varios elementos en común con los factores que influyen en la longevidad.

Ya hemos mencionado la importancia de cuidar todo aquello que influye en nuestro ser y afecta nuestra vitalidad tal como el oxígeno, el agua, la alimentación, los sonidos, las ideas, las emociones, etc. Todos corresponden a la lista de los

---

[101] World Health Organization, «Informe mundial sobre el envejecimiento y la salud», *Catalogación por la Biblioteca de la OMS*, 2015.

ocho factores, excepto por el factor relativo a la herencia que no es opcional.

Con frecuencia, mencionamos en nuestras conferencias que el talento de una persona le es poco útil si no tiene tiempo para desplegarlo. Ahora, tampoco le sirve si también carece de la energía para usarlo con inteligencia.

En resumen, la quinta dimensión del comportamiento consiste en poner la pasión en la reingeniería personal para hacer una contribución singular mediante la ruptura de paradigmas con audacia y la innovación como forma de vida.

Marco Aurelio, el gran sabio del imperio romano, a quien nos referiremos en las próximas páginas, miraba la realidad con estoicismo y aceptaba el sentido de impotencia del hombre ante el universo. Dada la superficialidad de las representaciones humanas, parecía adecuarse a las razones supremas que gobiernan el mundo. Como sabio y filósofo, ante el «no sentido» del mundo y de sus realidades caducas, decía que la única vía que queda al sabio es el volver sobre sí mismo para dar significado a su propia existencia individual.

Tanto para Epicteto, Séneca y Marco Aurelio, conocidos como los estoicos, el intelecto es la sede de la actividad espiritual donde se debe aspirar para establecer un sentido diferente que den viabilidad a un avance inteligente, haciendo de lado la irracionalidad.

No sería arriesgado afirmar que el reconocimiento de la degradación del esfuerzo humano representado mediante los conceptos de la termodinámica y la entropía son condiciones aceptadas desde el siglo I. Este fenómeno se puede ilustrar cuando se lanza un vaso de cristal al suelo, se rompe y queda hecho añicos. El vaso jamás podrá ser reconstruido por sí solo; en otras palabras, es un evento irreversible. Así ocurre con el mundo material y físico.

En el plano de lo inmaterial, el mundo de las ideas y de las representaciones mentales es factible la evolución de la información desordenada hacia una representación coherente de los datos asimilados.

Es un atributo del intelecto crear esquemas para manejar los fenómenos del mundo exterior. Sin duda, este ha sido el legado de la ciencia, la cual congruente con su naturaleza, tiene como postura de arranque dudar de la realidad misma. Por analogía, cuando uno duda de sí mismo, aspira a una reconstrucción. En otras palabras, consiste en terminar de forma voluntaria con el estado de equilibrio. Ilya Prigogine determinó: «Los fenómenos irreversibles conducen a nuevas estructuras y, desde el momento en que aparecen estas nuevas estructuras, no hay vuelta atrás».[102] La producción de entropía tiene siempre dos elementos dialécticos: uno que crea el desorden y otro que establece el orden.

¿Algunas ideas para iniciar?

Hace algunos años participé en una conferencia en San Francisco y conecté con distintos líderes de opinión en los estudios de la gerencia. Entre los exponentes se encontraban Keith Ferazzi, Jim Collins y John Doerr. Cada uno realizó presentaciones asombrosas y se hicieron acompañar de las

---

[102] Ilya Prigogine, «Is the future given?», *WSPC*, 2003.

herramientas más novedosas. Por ejemplo, uno hizo preguntas por Twitter mientras que otros recibían comentarios vía Facebook Live y brindaban acceso gratuito a herramientas durante un mes para mejorar las competencias propias, disciplinas, etc. Si bien esto es ahora lo más común, hace varios años era muy novedoso.

A la conferencia asistieron más de cinco mil personas por día y otros miles en línea. El evento fue todo un éxito y estuvo patrocinado por *Better Works*, quienes ofrecen una plataforma que permite hacer seguimiento de *Objectives Key Results* (OKRs por su sigla en inglés). La última conferencia que escuché fue la de Srikumar S. Rao. En su introducción, comentó: «No entiendo por qué me invitaron a hablar de lo importante de los objetivos, si justamente hablaré de lo dañino que llega a ser aferrarse tanto a ellos».[103] Justo en ese momento, la audiencia soltó una carcajada. Su charla me pareció excepcional y al terminar tuve la oportunidad de compartir con él. Me regaló su libro, el cual disfruté mucho e intercambiamos algunos correos. Un ejercicio que me permitió conectar con su filosofía se llama «rendirte de frente al universo». Consta de cuatro pasos muy simples:

1. Definir las metas. Sin embargo, se debe hacer con cierta ambigüedad en cuanto al resultado deseado.

2. De forma consciente, desear que los resultados sean beneficiosos para todos los involucrados. Las sociedades competitivas nos enseñan que uno debe ganar a costa de otros. Cuando uno compite, unos ganan y otros pierden. Es importante desear que no hayan perdedores.

---

[103] Srikumar S. Rao, «Are You Ready to Succeed: Unconventional Strategies for Achieving Personal Mastery in Business and Life», Goal Summit, San Francisco, 2017.

3. Reconocer que las acciones son tan solo una vía para obtener el resultado deseado. Estar consciente de que el entendimiento es limitado respecto a las fuerzas involucradas en el posible resultado.

4. Hacer el mejor esfuerzo para evitar aferrarse al resultado. Aceptar lo que llegue, rendirse ante el universo y hacerlo de forma positiva.

Con seguridad, esto puede parecer un milagro para unos. Para otros, puede contradecir la filosofía de áreas de efectividad, métodos de medición y objetivos. Debemos confesar que tuvimos esta misma impresión, y por ello decidimos profundizar sobre este fenómeno.

Cuando uno se rinde al universo no significa que desecha el resultado. Solo implica que lo esperado difiere de las intenciones iniciales. Es así como el cosmos nos indica que el camino era el incorrecto. Sentirse frustrado, decepcionado o herido es inútil en esta situación. Analiza el resultado en términos de bien y mal sin emociones, ni rencor ni juicio. Una vez hecho esto, revisa las acciones. Probablemente, encuentres otro conjunto de fórmulas que te permitan obtener o no lo mismo. La aceptación no equivale a renuncia, tan solo a reconocer lo inapropiada de la ruta.

Como te darás cuenta, las emociones negativas no agregan valor. Además, el aprendizaje enriquece el proceso. Por su parte, las optimistas otorgan un sentido muy diferente a la vida.

En psicología, el optimismo se define como la medida mediante la cual las personas tienen expectativas favorables sobre su futuro. Las investigaciones demuestran que está relacionado a la salud y la longevidad.[104] Un estudio de la Universidad de Pensilvania evaluó a graduados de veinticinco años para clasificarlos según su nivel de optimismo o pesimismo. Después de monitorearlos tanto a los cuarenta y cinco como sesenta años, se hizo evidente que aquellos que eran más pesimistas a los veinticinco tenían mayor probabilidad de enfermarse. Otro estudio reveló que los optimistas que habían tenido una cirugía de derivación de la arteria coronaria se recuperaban más rápido que los pesimistas.[105] Los primeros manejan el estrés mejor que los segundos, son menos propensos a la depresión, y generalmente, son más sanos.[106] Friedrich Nietzche indicó: «Quien tiene un porqué para vivir encontrará casi siempre el cómo».

¿Algunas ideas para liberarte?

Hace más de dos siglos, Thomas Jefferson determinó: «De acuerdo a la ley de nuestra naturaleza, todos los seres humanos nacemos libres, y cada uno de nosotros llega a este mundo con el derecho de ser uno mismo y esto incluye la libertad de su propia voluntad». Esta postura se relaciona con una visión budista que establece que: «La libertad empieza con la generosidad que nos lleva a vivir una vida moral que desemboca en una vida consciente».[107] En lo moral, se refiere a

---

[104] Peterson, C., Seligman, M. E., and Valliant, G. E., "Pessimistic Explanatory Style Is a Risk Factor for Physical Illness: A Thirty-Five-Year Longitudinal Study", *Journal of Personality and Social Psychology*, volumen 55. 1998.

[105] Scheier, M. E., Weintraub, J. K., and Carver, C. S., "Coping with Stress: Divergent Strategies of Optimists and Pessimists", *Journal of Personality and Social Psychology*, volumen 51, 1986.

[106] Taylor, S. E., and Armor, D. A., "Positive Illusions and Coping with Adversity", *Journal of Personality*, volumen 64, 1996.

[107] Sulak Sivaraksa "Buddhist-Christian Studies", *University of Hawaii*, Volumen 18, 1998.

una vida lejos libre de amenazas de vida, propiedad, familia, derechos o bienestar.

Cuando se analiza la evolución del ser humano desde múltiples dimensiones y contextos, se aprecia que la plenitud del ser se obtiene a través de la libertad de movimiento en diferentes planos, más allá del progreso individual. En este sentido, la cuarta dimensión genera apego, y sufrimiento como consecuencia.

Aunque Pavarotti tuvo la capacidad para vivir a plenitud y trascender en la historia (4D), experimentó otras dimensiones en ciertas etapas. Disfrutaba mucho comer, y puso en riesgo su salud. Si bien esto no fue la causa de su muerte, la falta de restricciones trajo consigo inconvenientes. En este sentido, su vida era unidimensional. Así se conectaba tanto con la familia como con los amigos y se rodeaba de energía de forma plena. Fue poco activo en cuanto a su salud física.

Pese a ser objeto de críticas, Pavarotti aprendió muy bien la lección de Eleanor Roosevelt que una vez dijo: «Nadie puede hacerte sentir inferior sin tu consentimiento». Su peso parece nunca haberle afectado. Su *quántum* era tal que los comentarios negativos respecto a esto le resbalaban. Migraba de la primera dimensión con libertad y determinación a la cuarta dimensión enfocado en utilizar su talento musical a favor del beneficio humanitario. Esta libertad de movimiento entre dimensiones fue parte de su vida hasta lo último. Según su biografía, siempre se mantuvo optimista y con energía positiva.

¿Algunas ideas para crear una segunda carrera?

Se ha analizado el proceso de toma de consciencia del ser humano así como su impacto en la evolución desde diferentes ángulos. No obstante, aún no hemos mencionado la energía que se produce en el cambio multidimensional.

Según Drucker en *Managing Oneself*, el individuo con frecuencia alcanza la plenitud profesional a los cuarenta y cinco años. Ya para ese momento, ha dedicado por lo menos veinte años al oficio y lo ha perfeccionado. Sin embargo, algunos no aprenden o contribuyen de la misma forma durante esta primera etapa.

Durante el inicio de la carrera profesional, un error no intencional es rara vez causa de despido. En ocasiones, genera angustia y vergüenza, pero también deja un aprendizaje, que produce energía.

Cuando tenía veinte años de edad, trabajé en un fondo de inversiones. Un día al salir de la oficina me di cuenta de que había realizado una transferencia equivocada. Por seguridad de los clientes, no podía regresar ni hacer nada al respecto inmediatamente. Me angustié muchísimo. Esa noche, no cené, ni dormí. Para ese momento, no tenía automóvil y me desplazaba en transporte público. Al día siguiente, me levanté a las 5: 00 a. m. de la madrugada, tomé el primer autobús y abrí la oficina muy preocupado. Tuve que esperar a que mis colegas tomaran nota del error. Después de una hora y actualizar los correos electrónicos cada dos segundos, recibí la llamada de un compañero a las 6:45 a. m. para informarme que había logrado revertir todo. Me invadieron la alegría y la adrenalina. Fue un momento energético. Cuando llegó mi supervisora, le conté con orgullo el aprendizaje que había obtenido. Me sugirió irme un poco más temprano dado lo temprano que había llegado. Pero, jamás me había sentido tan bien. Y, es así como esta experiencia pasó a formar parte del repertorio que compartía con los nuevos integrantes de la organización.

Esta sensación de energía es la misma que siento cuando trabajo con grupos humanos y resuelvo problemas complejos interdependientes. Como es de esperarse, soy propenso a cometer errores. Cuando realizo procesos de descongelamiento, los participantes me comentan que se sienten vivos y con energía al desaprender, sin importar los días que pasan sin dormir.

De una forma más elocuente, Drucker también indica: «A los cuarenta y cinco —los años dorados— un individuo corre menos riesgos para evitar exponerse. Esto lo lleva a un estado de confort —sin adrenalina— que puede desembocar en un retiro precoz.

Existen aquellos que lo hacen diferente. Cuando llegan a mediados de sus cuarenta años cambian de forma radical para aprender algo distinto. Drucker denomina esto la segunda carrera, y el objetivo es llenarse de energía. Algunas recomendaciones son:

- La primera —y, quizás menos riesgosa— es cambiar a otra organización con características distintas. Por ejemplo, si contribuiste al desarrollo de productos de una gran corporación, ¿qué sucedería si te unes a una más pequeña? Por ejemplo, algunos son más radicales, ya que, vuelven a estudiar tras su trayectoria en el mundo corporativo y se enfocan en esta nueva carrera.

- El segundo método consiste en hacer una segunda carrera de manera paralela. Por ejemplo, un individuo muy exitoso permanece en su trabajo habitual y empieza a laborar algunas horas a la semana en una organización sin fines de lucro. En el transcurso del tiempo, la segunda carrera toma más forma. Hoy en día, y sobre todo en la pandemia, hay profesionales con un trabajo a tiempo completo que ofrecen muchos webinarios para dar exposición a su organización y construir una lista de seguidores.

- El tercer método es para aquellos cuyo trabajo dejó de ser retador y desean dedicarse a algo diferente. Un buen amigo con una sólida carrera corporativa en las empresas más renombradas, se mudó a los cuarenta y ocho años de país e inició una empresa de limpieza. Nunca lo había visto tan enérgico y pleno.

Sin duda, los que aceptan una segunda carrera, tal como indica Drucker, son minoría. La mayoría se retira de su trabajo y simplemente contabilizan los años para este momento. Particularmente, son aquellos con una expectativa de vida mayor los que desean una segunda carrera.

Para tener una segunda carrera, se debe iniciarse en ella antes de dedicarle tiempo. Por ejemplo, si un individuo quiere ayudar a organizaciones sin fines de lucro a los sesenta años, debe empezar a los cincuenta. Es raro que lo logre justo al momento de retirarse. Antes de retirarse, la mayoría de mis amigos no hicieron nada. Sus intenciones de hacer algo quedaron solo en palabras.

En una sociedad donde el éxito es importante, las opciones son vitales. Cuando una persona carece de ellas, termina su rol organizacional, se retira e invierte su tiempo de la manera más apropiada. Se trata de tener alternativas y no juzgarse esto como positivo o negativo.

Aquellos que desean integrar cambios en su vida como una segunda carrera, con seguridad obtendrán una buena dosis de energía y estrés. ¿Y quién quiere esto?

Con frecuencia, asociamos la segunda etapa de nuestras vidas con fantasías elaboradas en nuestro cerebro, como por ejemplo, vivir frente al mar o viajar después del retiro. Sin embargo, alejarse de la presión no nos permitirá obtener el resultado que buscamos. El estrés hace que seamos más fuertes, inteligentes y exitosos.[108] Si se maneja apropiadamente puede ser muy provechoso. Cuando se canaliza de forma positiva trae los siguientes beneficios:

- Aumenta la capacidad de logro mediante el aumento de energía.[109]
- Mejora la salud y fortalece el sistema inmune.[110]
- Acelera el proceso de aprendizaje y mejora el nivel de inteligencia.[111]
- Incrementa el nivel de satisfacción personal y felicidad. Es una fuente de seguridad en los proyectos. [112]

El estrés no solo segrega cortisol, sino también una hormona llamada DHEA, que es un esteroide. Usualmente, los esteroides son considerados como sustancias que consumen

---

[108] Ian Robertson, *The Stress Test: How Pressure Can Make You Stronger and Sharper*, Bloomsbury, 2016.

[109] Berens, C., "Report: Anxiety can improve work performance", *Inc.*, June 19, 2012.

[110] Parker, C. B., "Embracing stress is more important than reducing stress", *Stanford News*, May 7, 2015.

[111] Yun, H. J., et. al., "Chronic stress accelerates learning and memory impairments and increases amyloid deposition in APPV717I-CT100 transgenic mice, an Alzheimer's disease model", *The FASEB Journal*, February 8, 2006.

[112] Crum, A. J., Salovey, P, and Achor, S., «Rethinking stress: The role of mindsets in determining the stress response», *Journal of Personality and Social Psychology*, volumen 104, 2013.

los atletas para acelerar el crecimiento muscular producto de la actividad física. El efecto de la DHEA es similar, pues es un neuroesteroide que estimula el crecimiento del cerebro ante situaciones estresantes y contrarresta la acción del cortisol.[113]

La clave es el balance entre la DHEA y el cortisol. Esta relación se conoce como el Índice de Crecimiento. Mientras más alto sea el índice, es decir que los niveles de DHEA superen a los de cortisol, mayores serán los efectos positivos, tales como:

- Mejores habilidades para resolver problemas.[114]
- Mayor nivel de persistencia y resiliencia.[115]
- Mejor capacidad de enfoque.[116]

Si consideras las situaciones potencialmente estresantes como retos y oportunidades positivas de aprendizaje en vez de amenazas, el Índice de Crecimiento aumentará. Una actitud positiva hacia el estrés te fortalece y mantiene más alerta. También, hace que el cerebro procese con mayor rapidez las experiencias. El estrés puede fungir como medio para enfocar la atención y concentración. Piensa en los mejores golfistas ante un golpe crucial o los tenistas ante la anotación de un punto. Ellos utilizan el estrés de la situación para concentrarse aún más. Perciben la situación como un reto y no una amenaza.

El estrés puede ser también un gran motivador, ya que estimula la segregación de varias hormonas —dopamina,

---

[113] Boudarene, M., Legros, J. J., and Timsit-Berthier, M., «Study of the stress response: Role of anxiety, cortisol and DHEAs», *L'Encephale*, volumen 28, 2001.
[114] Wemm, S., et. el., «The role of DHEA in relation to problem solving and academic performance|, *Biological Psychology*, volumen 85, 2010.
[115] Ibid.
[116] Morgan, C. A., et. al., «Relationships among plasma dehydroepiandrosterone sulfate and cortisol levels, symptoms of dissociation, and objective performance in humans exposed to acute stress», *Archives of General Psychiatry*, volumen 61, 2004.

adrenalina, testosterona, endorfinas— que te incentivan y hacen sentir con más poder y confianza en ti mismo. En casos extremos, este es el tipo de reacción que los paracaidistas experimentan.[117] Ante la adversidad uno se hace más fuerte, resiliente, sano y feliz.[118]

Si deseas emprender una segunda carrera, no puedes evitar el estrés, pues es parte del trabajo y la vida en general. Aumenta además la posibilidad de confiar en otras personas, lo que a su vez incrementa el coeficiente emocional (CE).[119]

---

[117] Allison, A. L., et. al., «Fight, flight, or fall: Autonomic nervous system reactivity during skydiving», *Personality and Individual Differences*, volumen 53, 2012.

[118] Seery, M. D., Holman, A., and Silver, R. C., «Whatever does not kill us: Cumulative lifetime adversity, vulnerability and resilience», *Journal of Personality and Social Psychology*, volumen 99, 2010.

[119] Von Dauwens, B., et. al., «The social dimension of stress reactivity: Acute stress increases prosocial behaviour in humans», *Psychological Science*, volumen 23, 2012.

Por lo tanto, no te distraigas con las fantasías que venden los programas de televisión y el internet respecto a eliminar el estrés para hacer realidad tu sueño de vivir retirado frente al mar.[120] Justamente, esto es lo que no se debe hacer. No dediques tiempo ni energía para evitar el estrés. Esto te hará sentir menos feliz, satisfecho y agradecido por las cosas.[121] Los intentos de evasión hacen que te deprimas.[122]

Permite que tu cuerpo envejezca de forma libre y orgánica, pero no tu mente. Esta contiene una cantidad de energía que se puede recargar. En la segunda etapa de Drucker, la vida exige repetir las dimensiones y hacerlo requiere energía. También, necesita contexto, consciencia y un análisis riguroso de las oportunidades. Según este autor, consiste en simpleza y foco. Si no es así, es ambigüo, incluso para uno mismo. Si no es simple, no funciona.[123]

---

[120] Crum, A. J., *Rethinking stress: The role of mindsets in determining the stress response*, Trabajo de grado PhD, Yale, 2012.
[121] Elliot, A. J., et. al., «Cross cultural generality and specificity in self-regulation: Avoidance of personal goals and multiple aspects of well-being in the United States and Japan», *Emotion*, volumen 12, 2012.
[122] Holahan, C. J., et. al., «Stress generation, avoidance coping, and depressive symptoms: A 10-year model», *Journal of Consulting and Clinical Psychology*, volumen 73, 2008.
[123] Peter Drucker «Innovation & Entrepreneurship», *Harper*, 1985.

Proceso continuo del descongelamiento

Kurt Lewin, reconocido psicólogo alemán, realizó grandes aportes a las ciencias del comportamiento actual. Su marco contextual ha facilitado ver al cambio a través de un sistema (y no una intención). En su modelo, se identifican dos tipos de fuerzas: (1) las impulsoras que nos motivan a cambiar, y en contraparte (2) las restrictivas que nos inhiben a hacerlo. Cuando se ve el cambio en su totalidad, se aprecia que este no se genera únicamente por el impulso más enérgico del propósito. Tal y como la ley de Newton establece, quizás existe una fuerza opuesta en la misma dirección que impide que esto suceda.[124]

Para mantener un equilibrio, es necesario trabajar con ambas fuerzas, ya sea para aumentar los impulsos o tratar de disminuir las restricciones. Este análisis es de gran utilidad para pronosticar lo que puede suceder, y así anticiparse al cambio.

Una vez elaborados los escenarios, el primer paso es descongelar el nivel de comportamiento actual, y con ello:

- Disminuir los prejuicios.
- Aumentar la percepción frente a los mecanismos de defensa propios que inhiben el cambio.
- Sensibilizar las motivaciones propias.
- Aceptar la necesidad de cambio.

La etapa de descongelamiento es fundamental para disminuir las fuerzas restrictivas o aumentar las impulsoras y lograr el cambio deseado. Cuando el individuo se descongela

---

[124] Kurt Lewin «Resolving Social Conflicts and Field Theory in Social Science», *American Psychological Association*, 2010.

frente a un fenómeno, el cambio y el congelamiento de ciertas conductas es mucho más fácil.

Mediante el congelamiento, se pretende equilibrar las fuerzas impulsoras y las restrictivas para hacer que el cambio perdure en el tiempo. De esto, surgen políticas, procedimientos, reglas de operación o nuevas visiones de vida.

Para estimular el cambio hacia la libertad, resulta conveniente experimentar vivir un proceso de descongelamiento del momento circunstancial. Es válido que en una situación carezca de fuerzas impulsoras para el cambio. También, es respetable, y puede ser muy costoso.

El desarrollo de una mentalidad abierta

Gracias a un libro que me recomendó el Dr. Robin Stuart-Kotze, hace un par de años contacté a Carol Dweck, una reconocida profesora de Stanford, cuya obra, *Mindset: La actitud hacia el éxito*, hace referencia a dos tipos de actitudes o mentalidades para abordar el éxito. Las definió como mentalidad fija y mentalidad hacia el crecimiento.[125]

Así como existen aquellos —los de mentalidad fija— que no les gusta escuchar críticas ni estar en contacto con sus errores ni son abiertos a experiencias nuevas, hay otros con un pensamiento distinto. Los de mentalidad al crecimiento son conscientes de que ningún ser humano es perfecto. Por tanto, necesitan información, aunque sean críticas, y utilizan sus errores para mejorar. Valoran el esfuerzo como la mejor ruta hacia el aprendizaje.

Según Dweck, el reconocimiento hacia lo bueno y lo malo crea prejuicios en nosotros. La invitación a experimentar

---

[125] Dweck, C. S., *Mindset: Changing the way you think to fulfil your potential*, Random House, 2006.

es para aprender. Pese a la aparente misión de cada cual, el camino hacia la libertad es más fácil si se abraza con apertura y para crecer.

Sin importar el resultado, algunas frases que recomendamos de Dweck son:

- Todos los seres humanos nacemos con amor y deseo de aprender. Esto se va desvaneciendo a medida que los pensamientos crecen.
- Resulta tentador pretender vivir en un mundo donde nos alaben constantemente. Con insistencia, pide retroalimentación continua para mejorar.
- Aunque suene muy trillado, piensa cómo una situación determinada puede contribuir a tu crecimiento personal.
- Para aquellos que son rechazados de forma continua, analiza el aprendizaje obtenido la próxima vez que te digan que no. Quizás te percatas lo desagradable de la situación, pero también sobre tu nivel de tolerancia a la frustración.

Gracias a la literatura que acompaña cada una de las investigaciones de Dweck, comprendimos que sus ideas no son pensamientos mágicos. Son investigaciones reconocidas.

Cuando escribimos este libro, nuestra vocación nos hizo conectar con la ciencia, la filosofía y el libre pensamiento. Por esta razón, decidimos investigar más. He aquí algunos de los hallazgos:

1. Un individuo se siente atrapado por sus miedos y temores, lo cual afecta la mentalidad orientada al crecimiento.

2. Pese al esfuerzo por crecer en la dificultad, es inevitable caer en la mentalidad fija por la presión de las emociones y la sensación de no tener salida.
3. En ocasiones, este esfuerzo puede conducir a reflexionar sobre el condicionamiento en la forma de pensamiento.

Algunos pueden sentirse identificados con la idea de que el crecimiento propio genera una expectativa falsa sobre un futuro mejor. A veces se concibe el aprendizaje como una herramienta que conduce al éxito. Muchos exitosos han tenido tropiezos. Los errores parecen acercarnos al éxito. No obstante, mientras más nos caigamos —con o sin aprendizaje—, nos irá mejor, según las estadísticas.

Hemos sido testigos de cómo un enfoque orientado hacia resultados y un proceso gerencial de mejora continua conduce a ubicar desequilibrios en un sistema para corregir y mejorar. La mejora está íntimamente vinculada con los resultados. Sin embargo, la postura de Dweck ante esto es diferente, ya que propone que una forma de crecimiento y una mentalidad orientada al desarrollo mejora el propio proceso de la vida y no el resultado de tus propios objetivos.

Para entender esto, es necesario identificar una fuerza más profunda, y son premisas relacionadas al budismo.[126]

- El sufrimiento es parte de la naturaleza del ser. Puede ser mental y está compuesto por ira, miedo, frustración, envidia y decepción.
- El sufrimiento es el resultado de nuestros propios deseos y de la ignorancia. Si por ejemplo, un individuo le otorga sentido al aprendizaje obtenido de un error,

---

[126] Jean Smith «The Beginner's Guide to Walking the Buddha's Eightfold Path», Harmony, 2002.

entonces deposita la expectativa de no cometerlo de nuevo. Tal deseo puede ocasionar sufrimiento.
- El sufrimiento se supera mediante la sabiduría, la conducta ética y el entrenamiento de la mente.

El ser humano desarrolla una incansable capacidad para sabotear los pensamientos propios. En el siglo XXI, hay infinidad de herramientas y aplicaciones que permiten controlar las ideas a través de la meditación. Nuestra preferida es la de Endel, ya que promueve el sueño profundo, reduce la ansiedad y crea un ambiente positivo. Es un ritual que practicamos tres veces al día para dejar de rumiar y prevenir el autosaboteo. Según el profesor de Claremont, Mihaly Csikszentmihalyi, esta aplicación incrementa 6.3 veces la concentración y disminuye casi cuatro veces la ansiedad.[127]

El desapego de las dimensiones

La aspiración propia de un estado de realización (4D), produce apego. De la misma manera, un estado distinto al deseado puede generar rechazo. En su libro, *La doble trampa del apego y el rechazo*, Lobsang Tsultrim señala: «Mientras uno esté apegado a las cosas de esta vida, la felicidad difícilmente llegará a ser estable. Sin embargo, si uno trabaja con sus apegos, el sentimiento será mucho más pleno ante cualquier situación, y la felicidad no se altera».[128] El odio, enfado o rechazo pueden ser los mayores obstáculos para la felicidad. Impiden estar en paz y vivir en armonía con los demás. Esto altera la mente y evita actuar de una forma correcta.

Para evitar esto, se debe desarrollar la tolerancia y la paciencia. También, es necesaria la percepción (consciencia)

---

[127] Mihaly Csikszentmihalyi «Flow: the Psychology of Optimal Experience», *Harper*, 2008.
[128] Lobsang Tsultrim «La doble trampa del apego», *Dharmas*, 1999.

para garantizar una objetividad libre de emociones, apegos y rechazos, y así alcanzar un estado de ecuanimidad, es decir, ni demasiada emotividad ni tristeza.

Estas ideas budistas eliminan ciertas distorsiones de las expectativas propias así como emociones negativas frente a los estados no deseados. Cuando no se logra lo que se quiere, la decepción puede generar sufrimiento, que proviene del apego. Por consiguiente, se inhibe la objetividad de la propia vida en sí. Si se rompe con esto, recibes el pasaporte hacia la libertad multidimensional.

Marco Aurelio, filósofo y emperador del imperio romano formado junto con Epicteto y Séneca, crearon una doctrina filosófica llamada estoicismo. Predica el dominio de las pasiones que abren la virtud y la razón. Curiosamente, vivió, hace casi dos mil años, la peste antonina, una de las más terribles de la humanidad. Escribió un diario para sí mismo llamado *Las Meditaciones de Marco Aurelio*. En este, hace hincapié en el dominio del ser humano sobre la mente y no los acontecimientos. Aunque fue uno de los hombres más poderosos del mundo, reconoció el poco control que tuvo sobre la pandemia. Cuando un individuo se percata de esto, encuentra la fuerza.[129]

---

[129] Marcus Aurelius «Flow:The Emperor's Handbook: A New Translation of The Meditations», *Scribner,* 2002.

Management Tomorrow

El profesor de la Universidad de Connecticut, Massimo Pigliucci, en su libro *How to be a Stoic*, sugiere hacer algunos ejercicios mediante la práctica de Marco Aurelio, Epicteto y Séneca de llevar un diario. Por ello, recomienda escribir antes de ir a la cama:[130]

1. ¿Qué hice mal hoy? Narra las experiencias. Es inútil arrepentirse. Para los estoicos, sentirse mal no sirve de nada, pues es tiempo pasado. Para evitar repetir los mismos patrones y errores, se debe escribir. Es la única herramienta.
2. ¿Qué he hecho bien? Existen dos motivos para ello. Una palmadita en la espalda es un refuerzo positivo, que permite establecer la posición entre lo bueno y lo malo. Incrementa la objetividad.
3. ¿Qué puedo hacer de otra manera? Esta pregunta no busca el arrepentimiento sino una mejor planificación del futuro. Busca formas alternativas ante una misma situación a fin de anticiparse.

El desarrollo de una mentalidad hacia la libertad es un esfuerzo que requiere toda la vida. La búsqueda de la libertad es una de las misiones más importantes.

---

[130] Massimo Pigliucci «How to be a Stoic: Using Ancient Philosophy to Live a Modern Life», *Basic Books,* 2017.

Management Tomorrow

En su libro basado en el estoicismo, *How to thrive in a world out of your control*, Massimo Pigliucci y Gregory Lopez señalan: «Y si hoy fuera el último día de mi vida, ¿disfrutaría estar haciendo esto?"[131] Sugieren lo siguiente para evaluar con mucho más propósito el sentido presente:

1. Hacer una lista que resuma tres actividades importantes a las que dedicamos tiempo durante el día. ¿Mejoran estas actividades a las que nos referimos en el punto 1 nuestras vidas?
2. ¿Te gustaría dedicar tiempo a esas tres actividades si fuese tu último día de vida?

Sin lugar a dudas, esto es un ejercicio fabuloso para la autoreflexión. Por ejemplo, en cuanto al tiempo que invertimos en redes sociales, nos hace cuestionarnos la cantidad de horas en caso de ser el último día de nuestras vidas. Si estamos en desacuerdo, entonces debemos reducir la cantidad, pues es una actividad que no vale la pena. No tiene sentido ocupar el tiempo en esto solo porque sí. Para los estoicos, las opiniones, los juicios y las decisiones es lo único que uno controla. Pero, no es así con respecto a la de los demás. La búsqueda de aprobación en terceros mediante redes sociales es un desperdicio de tiempo. Fernando Pessoa, escritor, poeta y filósofo portugués, solía decir: «Primero sé libre, después pide la libertad». Un individuo con pensamiento libre es capaz de reclamar libertad para sí mismo y sus semejantes.

---

[131] Massimo Pigliucci & Gregory Lopez. «How to Thrive in a world out of your control», *The Experiment*, 2019.

La conquista de la libertad

Se requiere experiencia para migrar desde las dimensiones del comportamiento. No es posible alcanzar el estado deseado sin un repertorio propio de experiencias. Es necesario aprender de cada experiencia para llegar a lo que que Nietzsche llamaba estado de frustración, que nos hace perder el sentido.

En nuestros programas de desarrollo gerencial, las horas de trabajo, el rol del instructor, las diferencias ideológicas y los deseos de ganar generan esta frustración. Y, lo mismo lo hacen las políticas de empresa, los jefes y los cambios en las propias dinámicas del mercado en el trabajo.

En alusión a las historias y experiencias de amigos y clientes, llegamos a las siguientes conclusiones:

- Muchos experimentaron situaciones difíciles, y tras varias conquistas, la frustración los fortaleció. Tal como dice el refrán: «El caminante pobre no le teme a los ladrones».
- Aquellos que logran superar la frustración son quienes están convencidos del valor de su trabajo y de su entrega. Gracias a esto, contribuyeron de forma única, generaron un cambio y aumentaron la velocidad.
- Tal como se señaló en la propuesta de la 4D, el ser humano se diferencia por su capacidad de *acción*. En esta clasificación, se encuentran muchos de nuestros amigos y clientes.
- Aquellos que desarrollan su potencia a través del pensar, sentir y querer, impulsados por una visión optimista, trascienden las etapas previas de progreso.
- La capitalización de las experiencias, del aprendizaje de los errores cometidos y de la energía extraordinaria que surge de la satisfacción de superar la frustración

de una derrota es el factor determinante para alcanzar la libertad. Para multiplicar la energía, es necesario invertir energía inteligente.

Por tanto, la experiencia es fundamental para moverse entre las dimensiones y alcanzar tanto la plenitud como la libertad. Para algunos, esto es sabiduría de vida.

Pasos hacia la conquista

La libertad multidimensional requiere experiencia de cada una de las dimensiones. Los siguientes pasos son los que se deben emprender desde la cuarta dimensión, es decir, desde la posición existencial para alcanzar el *momentum* necesario que conduce a la libertad dimensional:

1. **Claridad de la posición existencial** - En términos coloquiales, esto se reduce a qué espero de mí. Es fundamental establecer la necesidad y el nivel de logro en un término de tiempo, ya sea a corto o largo plazo. Por ejemplo, mi necesidad de logro es alta y a largo plazo.

2. **Dominio del quántum** - En el capítulo 4, se propusieron ocho componentes del generador de tiempo. Uno debe reconocer el grado de dominio de cada uno. El mínimo debe estar por encima del 80 %, ya que es ahí cuando se considera que existen las condiciones favorables para avanzar en línea directa hacia la conquista de la misión de vida.

3. **Objetivos de mis áreas de realización** - La focalización del esfuerzo en la obra individual se hace relevante cuando los objetivos son precisos, es decir, indican el cuánto, cuándo y cómo. De este modo, un gerente altamente efectivo es capaz de implementar su conocimiento y pasión en aquellos asuntos que generan valor y tiene el tiempo necesario para alcanzar el logro, que está directamente conectado con su realización profesional. Cuenta con la energía suficiente si la consecuencia de esto le permite contribuir de forma significativa con otros, que por su cualidad única le permite establecer una referencia. De este plano, se desprende la fórmula ecléctica.

4. **Compromiso Ecléctico** - Esta es la instancia donde se debe establecer cómo realizar la reingeniería del proyecto de ser. Esto incluye cuánto de lo que he ejecutado durante los últimos veinte años quiero continuar, los campos de conocimiento y actividad para dar soluciones, y la combinación de estudio, investigación, aplicación práctica, diversión, juego y creación. También, comprende la proporción del esfuerzo cotidiano para generar satisfacción, pues el retorno de la energía y la posición de ventaja que se genera para optar por aquellos campos de contribución donde la originalidad funja como base para satisfacer necesidades culturales, sociales, utilitarias, de conocimiento, de calidad de vida y de constitución de la salud. La mente se debe mantener abierta para captar los puntos de oportunidad. Es necesario dar el impulso al aprovechamiento de todas las experiencias disponibles en torno a esa oportunidad y establecer puentes para el libre flujo de conocimientos. De este modo, se acondiciona un ambiente de colaboración y compromiso que reta los límites para el impulso de la mejora radical.

5. **El modelo de liberación** - La libertad comienza con la capacidad real de imaginar los estadios de logro a los que con entusiasmo se desea llegar con un impulso de audacia innovadora. La construcción del modelo está basada en la declaración de las razones de libertad, que en apego a las diferencias entre individuos, tiene un rango muy amplio de posibilidades, y se inscribe en los campos más diversos. La clave es la capacidad de diferenciación para establecer la referencia. Se trata de gerencia de ruptura y de liderazgo disruptivo. Consiste en actuar con originalidad con la capacidad creativa como fuente.

Algunas de las características de las personas que viven la quinta dimensión:

Fortalezas	Debilidades
Actuación libre	Socialmente disociado
Sabio ante sus emociones	Frío al mirar el devenir
Entusiasmo por su rol existencial	Dominancia intelectual
Plenitud frente al «ahora»	Indiferente al cultivo de las relaciones
Orgulloso de la fuente de energía	Poco estructurado
Encuentro inagotable de aprendizaje	Para algunos, demasiado adaptable
Pasión ante los propósitos infinitos de vida	Para otros, pretencioso
Gratitud existencial	Para unos más ajeno a la realidad ordinaria

Recursos recomendables

Aquellos que deseen llegar a este punto deben trabajar para ampliar la consciencia e impulsar la intuición con la potencia. También, pueden asistir al *5D Management Tomorrow Retreat*.

Luego de participar en este retiro, es posible que los participantes manifiestes conductas con otra intensidad. La quinta dimensión da un sentido de futuro a la orientación hacia la libertad dimensional, y se apoya en herramientas estructurales que facilitan el proceso.

Para más información, contáctenos. Esperamos que estas ideas hayan sido enriquecedoras y les permitan desarrollar una consciencia dimensional. Compartan estos debates internos con otros.

Fin

www.ingramcontent.com/pod-product-compliance
Lightning Source LLC
Chambersburg PA
CBHW060839220526
45466CB00003B/1162